진심을 대접합니다

20년 전 손님이 지금까지 찾아오는 작은 만두 가게 장사 비법

진심을 대접합니다

초판 1쇄 인쇄 2022년 3월 18일
초판 1쇄 발행 2022년 3월 23일

지은이 이종택

발행인 백유미 조영석

발행처 (주)라온아시아
주소 서울특별시 서초구 효령로 34길 4, 프린스효령빌딩 5F

등록 2016년 7월 5일 제 2016-000141호
전화 070-7600-8230   **팩스** 070-4754-2473

값 15,000원
ISBN 979-11-92072-36-4 (03320)

진심을 대접합니다

이종택 지음

매일 만두 2,000알
매일 2번 새로 담근 겉절이
매일 고명 김 300장
...

RAON
BOOK

'세상을 바꾸는 시간, 15분(세바시)' 무대에서 그렇게 펑펑 운 강연자는 없었다. 그만큼 시청자를 울린 강연자도 없었다. 무려 100만 명이 넘는 사람들이 만둣집 사장님의 이야기에 눈물을 흘렸다. 강연은 대단하지 않았다. 사업이 망하고, 다시 일어서고, 힘들고 아팠던 경험은 자영업의 세계에서는 너무나 흔한 이야기다. 그런데 왜 시청자들은 그의 이야기에 마음을 열었을까? 그것은 진심 때문이다. 아무리 흔하고 평범해도, 진심이 담긴 말 한마디와 눈물 한 방울은 마음과 마음에 거대한 공진을 만든다. 그리고 만둣집 사장님은 강연을 통해 다하지 못한 이야기를 이 책에 담았다. 자신의 경험과 지식이 어려운 음식점 자영업자들에게 작은 힘이 되어주길 바라는 진심과 함께.

– 구범준 세바시 대표 PD

이 책은 어느 한 장인에 관한 이야기다. 20년간 매일 15시간씩 만두를 빚고, 가게를 운영한 이 이야기에는 '장인의 지혜'가 고스란히 담겨 있다. 위기를 버티고 극복하는 힘, 고객을 진심으로 대하는 방법, 어제보다 오늘 더 나아지는 위대한 비법이, 사장님의 지난 삶과 함께 희망이 되어 우리에게 전해진다. 세월이 흘러도 변치 않는 가치가 있고, 세월이 쌓여 빛을 내는 가치가 있다는 것을 20년이 넘는 장사 인생이 증명해주듯이, 창업을 고민하는 분들께는 지혜를, 마음이 지친 사장님들께는 용기를 선사할 책이 될 것이다.

– 권용규 ㈜우아한형제들 가치경영실 상무

• 유명인의 이야기가 아닌 보통 사람들의 삶 이야기, 그 진솔함에 울림이 크네요. 세바시 최고 영상 중 하나입니다. 강사님과 그 가정을 축복합니다.

• 하안동 주민입니다. 영상 내내 울면서 봤네요. 사장님의 삶에 뭉클하고 따뜻한 진심이 느껴져 요즘 같은 힘든 시기에 많은 분에게 위로가 되셨을 것 같습니다. 아직 한 번도 못 가봤는데 조만간 따뜻한 만둣국 먹으러 가야겠어요! 멋진 가장이시고 사장님이세요. 존경스럽습니다.

• 하안사거리 개성손만두!! 우리 동네 가게라 반가운 마음에 들어왔는데, 사장님의 강의에 감동받았습니다. 만두 맛처럼 강의도 너무 잘하시는 사장님 너무 멋지십니다.

• 얼마나 진솔하고 성실하게 살아온 삶을 나누어주시는지!! 소리 없는 눈물로 제가 위로를 받고 또 반응합니다. 잘 살아오셨고 참 아름답게 극복하셨습니다. 존경합니다.

• 저희도 음식점을 하고 있고 시작할 때 돌도 안된 아이를 업은 채 서빙도 했었습니다. 저희 손님들도 이해해주시고 응원해주셨는데 사장님 이야기에 지난날이 떠오르며 눈물 나네요. 그동안 정말 고생 많으셨고 앞으로 눈물의 시간을 보상받는 시간이 더 많아지시길 응원합니

다!! 보이는 게 전부가 아님을 다시 한번 느낍니다.

• 사장님의 진심이 제 마음에 확 와닿아서 눈물이 펑 쏟아졌네요. 코로나19가 장기화되면서 모두가 고통스러운 나날을 보내고 있지만, 특히 자영업자분들의 고충은 감히 제가 헤아릴 수도 없을 것 같네요. 많은 사장님이 이 강연을 보시고 조금이라도 위로받으시고 힘내셨으면 좋겠습니다. 덕분에 저 또한 많은 깨달음을 얻고 갑니다. 진심 어린 강연 감사합니다. 가족과 지인분들 모두 건강하고 행복하시길 기원합니다.

• 눈빛만으로도 두 분이 얼마나 열심히 살아오셨는지 알 것 같아요. 가장 평범한 소박한 우리의 얘기라서 더 와닿네요. 떨리면서도 늘 '감사합니다'를 말씀하시는 사장님께 힘을 얻습니다. 감사함으로 모든 것을 이겨내길 바라봅니다.

• 15년 전에 근처에서 음악학원을 경영할 때 만두 먹으러 많이 갔었어요. 입덧이 너무 심했는데 사장님이 만드신 만두는 언제나 맛있었습니다. 아직도 그 자리에 계신다면 다시 한번 먹으러 가고 싶어요.

• 아침밥을 먹으며 듣고 있는데 눈물이 앞을 가려 먹을 수가 없네요. 열심히 잘 사신 덕분에 주위에 좋은 분도 많이 두셨네요. 특히 부부가 한마음으로 어려운 일들을 잘 이겨내셨네요. 반드시 복 받으실 것입니

다. 건강하시고 힘들게 사신 만큼 행복하세요.

• 강연을 듣고 정말 많이 울었습니다. 코로나19로 힘든 많은 자영업자 분에게 어떤 그 위로보다 따뜻함이 전해졌을 것 같습니다. 진심 어린 강의 정말 감사합니다.

• 분명 오늘 날씨가 추웠는데 사장님 이야기 듣다 보니 추위가 느껴지지 않네요. 소중한 이야기 들려주셔서 감사합니다. 항상 건강하시고 좋은 일 가득하시길 기도할게요.

• 강연을 보고 캐나다에서도 눈물이 많이 나네요. 강연하시는 선생님의 진심 어린 가족 사랑과 주변 사람들을 사랑하심에 여러 사람이 도와주신 것 같습니다. 가슴을 울리는 강연 잘 봤습니다. 사장님 가정에 행운이 가득하시길 바랍니다.

• 사장님, 15분 안에 다 담아낼 수 없는 그 세월을 존경합니다. 잘 견디고 버티고 성실히 묵묵히 살아오신 사장님 얘기가 이 아침 제 마음에 큰 울림을 주네요. 건강하고 행복하시길 바랍니다.

• 어느 분의 강연보다 진솔하고 유명 회사의 임원, 학자, 교수님보다도 감동적이고 도움이 되었습니다. 대한민국 모든 자영업자분들 응원합

니다!!

• 엉엉 울었습니다. 감동이네요. 어떤 이야기보다도 더 멋진 성공 스토리입니다. 사장님은 슈퍼맨이십니다!! 더 번창하셨으면 좋겠습니다.

• 마음이 너무 힘든데 사장님 얘기 듣고 위로받고 갑니다. 세상의 따뜻한 분들 너무 많네요. 감사합니다.

• 처음부터 끝까지 진심이 느껴지는 이야기에 정말 눈물이 멈추질 않습니다. 저희 신랑도 장사를 하는 상황이라 더욱 와닿았던 것 같아요. 그 마음 너무 잘 알 것 같고 그동안 두 분 정말 많이 힘드셨을 텐데, 끝까지 견뎌 우리에게 희망을 주셔서 감사합니다.

※ '세바시 × 배민 사이다데이'에서 진행한 저자의 강연 후기.

> 강연 링크
> 시련과 위기에도 무너지지 않고 장사를 할 수 있던 이유 | 세바시 1292회
> (www.youtube.com/watch?v=rMeXkQxelN4)
> 우리가 장사를 포기하지 않는 이유 | 세바시 오리지널 다큐 시리즈 3화
> (www.youtube.com/watch?v=lC7X7Zbn_cE)

코로나19 시대,
힘겨운 사장들에게
건네는 작은 위로

2020년 1월 20일, 중국 우한에서 입국한 중국 여성이 신종 코로나19 바이러스 감염증에 확진되었다는 뉴스 보도를 처음 접했을 때 든 생각은 '당분간 매출이 떨어지겠구나. 어떻게 하지?'였다. 걱정은 되었지만 20년 넘게 음식점을 운영하면서 바이러스로 인한 영업 부진은 보통 3개월 정도 지속되었기에 이번에도 비슷하겠거니 하고 대수롭지 않게 여겼다.

하지만 코로나19는 유례없이 '센 놈'이었다. 첫 확진자가 나온 뒤 일주일이 채 지나지 않은 시점부터 손님들이 확확 줄어들더니, 한 달 후에는 매출이 반 토막이 아니라 3분의 1로 추락했다. 코로나19가 빠르게 퍼져나갈수록 손님 수는 더욱 줄어들었고, 사람들은 식당에서 밥 먹는 일을 점점 꺼리게 되었다. 정말로 비상사태가 벌어졌음을 그제야 몸으로 느꼈다.

음식점을 한다고 하면, 사람들은 흔히 이렇게 묻는다.

"음식 장사 하면 그래도 반은 남지 않아요?"

코로나19가 한참 퍼져나가기 시작할 무렵, 국무총리는 위로한답시고 자영업자들에게 이런 말을 건네기도 했다.

"요새 손님이 좀 줄었죠? 금방 괜찮아질 거예요. 그간에 많이 벌어놓은 것 가지고 조금 버티셔야지."

이런 말도 안 되는 오해가 사람들 사이에 널리 퍼져 있어, 그렇지 않아도 힘든 자영업자들을 더욱 지치게 만든다. 과연 자영업, 특히 음식점 자영업은 매출의 50퍼센트가 순수익일까?

군 제대 후 35년째 자영업자로 살면서 영업 이익이 반 정도 남은 적은 한 번도 없었다. 그마저 점점 줄어들고 있는 것이 현실이다. 86아시안게임과 88올림픽 시절에 음식점을 했던 선배들은 당시에 돈을 가장 많이 벌었다고 말한다. 그 선배들의 말에 따르면 올림픽 이후 가족 외식 문화와 직장 단체 회식 문화가 폭발적으로 늘었고, 순수익도 30퍼센트대를 넘었다고 한다. 그러던 것이 1990년대에 접어들어 2000년대에 이르기까지 조금 줄어들긴 했어도, 대부분은 20퍼센트대를 넘어서 무난하게 먹고 사는 데는 지장이 없었다.

하지만 지금은 임대료와 원가 상승, 다른 업체들과의 치열한 경쟁 때문에 10퍼센트의 순수익도 가져가기 힘들게 되었다. 이런 상황에 새로운 음식점 창업에 나서는 일은, 총만 안 들었지 전쟁터에 뛰어드는 것과도 같다.

이런 얘기를 들으면 많은 사람들은 왜 그 힘든 일을 계속하느냐고, 더 늦기 전에 정리하는 게 낫지 않느냐고 말할 것이다. 하지만 그게 말처럼 쉽지가 않다. 자영업자들 대부분이 전 재산과도 같은 퇴직금, 그동안 모아둔 목돈에 은행 대출까지 받아서 가게를 열었기 때문에 형편이 어려워도 필사적으로 버틸 수밖에 없다.

독자의 삶에 변화를 가져다주기로 유명한 스티븐 코비의 저서《성공하는 사람들의 7가지 습관》에는 다음과 같은 이야기가 나온다. 사람이 제일 많은 퇴근 시간, 다섯 살부터 일곱 살쯤 되어 보이는 어린아이 셋을 데리고 지하철을 탄 한 남자가 있다. 아이들은 복잡한 지하철 안에서 시끄럽게 장난을 치며 뛰어다니고 신발을 신은 채로 의자에 올라가 사람들의 눈초리를 받기 시작했다. 그런데 이 남자는 그런 아이들을 멈추게 하기는커녕 멍하니 창밖만 보고 있었다. 아이들의 소란이 점점 심해지자, 참고 있던 승객들이 화가 나서 가만히 앉아 있는 남자에게 한마디씩 내뱉기 시작했다.

"아니, 너무 한 것 아니야? 애들이나 어른이나 똑같네."

"애들은 그렇다 치고 야단도 안 치는 저 사람은 뭐야?"

그때 남자 옆에 앉았던 중년 아주머니가 줄곧 창밖을 쳐다보는 남자를 툭 치며 말했다.

"애들이 좀 심하네요. 이대로 두면 버릇 나빠지니까 애들에게 주의를 주세요."

그 순간, 남자가 아주머니에게 이렇게 말했다.

"죄송합니다. 제가 오늘 아이들 엄마를 땅에 묻고 영영 이별을 하고 오는 길이라, 신경을 못 썼네요. 주의하겠습니다."

이 말에 지하철에 있던 사람들 모두가 아무런 말도, 반응도 하지 않았다고 한다. 요즘 코로나19로 힘든 자영업자들의 심경이 넋 나간 이 남자와 같지 않을까? 직장인은 일을 그만두어도 직장에 투자한 돈이 없기 때문에 금전적 손해를 보지는 않는다. 하지만 자영업자는 자기 재산을 사업체에 투자했기에 폐업하면 크든 적든 손해를 보게 된다.

나는 가게를 처음 연 20년 전이나 지금이나, 일요일을 제외한 매일 아침 6시에 출근한다. 비가 오나 눈이 오나 어김없이 와서, 전날 절인 배추 열두 포기를 칼로 다져 양념해 만두소를 만들고, 육수를 끓이고, 겉절이 김치를 버무린다. 이렇게 해둬야 아내와 직원이 아침 9시 30분부터 만두를 빚을 수 있다. 이런 반복된 일과를 '루틴'이라고 부른다는 사실을 얼마 전에 알았다.

코로나19 사태를 2년 넘게 겪으면서 요즘에 느끼는 점은 나와 아내가 의외로 잘 버티고 있다는 것이다. 우리 가게는 비록 전국적인 대박 맛집은 아니지만 동네 맛집으로 굳건히 자리를 지키고 있고, 힘든 시기임에도 꾸준한 매출을 올리고 있다.

그래서 어려운 시간을 보내고 있는 소상공업자, 특히 작은 음식점 자영업자들과 그 가족들에게 응원의 힘을 보태고자 글을 쓰게 되었다. 그러나 글을 쓰는 순간 후회했다. 밤 9시에 장사를 마무리하고 집에 와서, 머릿속에 저장된 오랜 경험을 가슴속 절박함과 공감하고자 하는 마음을 담아 독수리 타법으로 하나하나 타이핑하는 일이 이렇게 어려운 작업인 줄 몰랐다. 오죽하면 사랑하는 우리 딸이 요새 아빠 머리숱이 많이 줄었다고 걱정을 한다.

그래도 글을 쓰면서 조금은 성숙해졌는지, 우리나라 자영업자들이 진정으로 행복하기를 바라게 되었다. 다소 부끄럽고 겸연쩍은 사연들이지만 솔직하게 터놓고 전하는 까닭은 서로 공감하고 위로하며, 다시 일어서기 위함이다.

우리나라 자살률은 OECD 국가 중 1위다. 코로나19에 따른 사회적 거리 두기로 경제적 타격을 받고 스스로 목숨을 끊는 자영업자들이 늘고 있어 몹시 걱정된다. 부채가 급격히 늘고 매출 회복은 더뎌서 극단적 상황으로 내몰리는 자영업자들이 많아지는 현실이 참으로 우려된다. 게다가 많은 학자들은 코로나19 사태 이후 몰아닥칠 후폭풍에 대해 경고한다. 사람에게 큰 고통이 오면 아드레날린이 분비되어 일시적으로 괴로움을 견디고 졸음도 참을 수 있지만, 긴장이 풀리는 순간 2배의 고통이 찾아온다는 거다.

이런 상황에서 내가 쓴 글이 나 같은 음식점 자영업자들에게 위기를 헤쳐나갈 작은 힘이라도 되어주기를 간절히 바란다. 나는 크게 성공한 사람도, 외식업계에서 엄청 유명한 사람도 아니다. 하지만 명선수보다 B급 선수가 명감독이 될 확률이 높다고 하지 않는가? 큰 기업형 대박 가게의 사장은 결코 알 수 없는, 산전수전 공중전까지 겪으며 처절하게 생계형 가게를 꾸려온 자로서 획득한 필살기를 이제 하나씩 꺼내놓으려 한다.

이 작은 책과 함께 음식점 사장들이 어려운 시기를 잘 넘길 수만 있다면, 그보다 더 기쁜 일은 없을 것이다.

화창한 봄을 기다리며
어떤 어려움에도 흔들리지 않는 만두 가게 주인장

이종택

1장
장사의 문을 열기 전에

2장
흔들리지 않는 나만의 경영 비법

3장
동네 맛집으로 소문 나려면 이렇게

4장
20년 대박 가게의 비결, '진심'

5장
오래 장사하고 싶다면 이것부터

장사의 문을
열기 전에

Routine

...

매일 만두 2,000알
매일 2번 새로 담근 겉절이
매일 고명 김 300장

...

음식 장사, 만만하게 보지 마라

근거 없는 자신감을 버려라

며칠 전 휴일에 있었던 일이다. 가족과 함께 정통 중국 요리를 먹고 싶어서 집에서 20분 거리에 있는 중식당에 갔다. 산책 삼아 걸어서 건물 2층의 식당 앞에 도착해보니, '임대'라고 적힌 종이가 문에 붙어 있었다.

그걸 보고 깜짝 놀랐다. 요즘에는 임대라는 글귀가 거의 모든 건물에 붙어 있기는 하지만, 내가 유난히 놀란 것은 그 중식당이 문을 연 지 6개월밖에 안 되었을 뿐만 아니라 사장이 유명 호텔 셰프 출신이어서 분위기도 맛도 좋아 그럭저럭 '평타'는 하는 줄 알았기 때문이다. 짧은 기간 장사하고 문 닫은 가게를 보니 허망했다.

그 사장은 왜 폐업을 하게 되었을까? 코로나19 때문에? 그 여파도 분명 영향을 끼쳤을 것이다. 하지만 코로나19 사태가 벌어지기 전에도 1~2년 장사하다가 문 닫는 가게는 많이 있었다. 고작 몇 달 영업하고 폐업하는 예도 심심찮게 볼 수 있었다. 그런 모습을 볼 때면, 많은 사람이 장사를 너무 쉽게 생각하고 시작하는 것 같아서 몹시 안타깝다.

나는 20년 전에 가족의 생계를 위해 음식점을 열었다. 그 무렵에는 나처럼 하던 일이 잘 안 되거나 직장에서 퇴직하고 나서, 절박한 심정으로 음식점 창업에 뛰어드는 경우가 많았다.

그런데 요새는 평생 직장이라는 개념이 거의 사라져서인지, 대기업에서 잘나가던 직장인이나 소위 '스펙'을 많이 쌓은 사람들, 엘리트 코스로 요리를 제대로 배운 호텔 주방장 출신 셰프들이 너도나도 음식점 창업에 나서고 있다. 이 사람들은 SNS를 활용한 대대적인 홍보, 고급스런 맛 등으로 승부를 걸어, 대박 가게를 만들겠다는 거창한 포부를 가지고서 창업을 한다. 남들 몇 년 동안 벌 돈을 단기간에 벌겠다는 자신감으로 덤비지만, 문제는 그것이 근거 없는 자신감이라는 점이다.

그들이 원래 하던 일을 새로운 회사로 이직해서 하게 되었더라도, 그렇게 자신감을 보일 수 있었을까? 아마도 대부분은 낯선 곳에서 적응하느라 긴장할 것이고, 그곳에서 먼저 일을 하고 있는 선배들에게 배우려고 열심히 노력할 것이다. 음식 장사는 어찌 보면 더 많은 준비와 배움, 노력을 쌓아야만 하는 것인데, 대다수의 사람들은 이 사실을 잘 모르는 것 같다.

우리 동네에서 음식점을 창업하려는 사람들이 종종 우리 가게에 찾아온다. 주위 사람들이 동네 맛집이라고 추천해서 온 것이다. 이 사람들은 우리 가게의 작은 규모와 단출한 메뉴를 보고서 내색하지는 않으려고 하지만, 이미 얼굴에 '내가 지금 음식점을 해도 여기보다는 더 잘 운영할 수 있겠다'고 쓰여 있다. 정말 그럴 수 있을까? 조금만 몸으로 부딪쳐 경험해보면, 그것이 엄청난 착각이라는 사실을 깨달을 것이다.

경험 많은 고수에게 배워야 하는 이유

북극 바다를 오랫동안 항해해온 노련한 선장은 작은 빙산을 만나도 절대 방심하지 않는다. 수면 아래에 얼마나 커다란 얼음이 잠겨 있을지 모르기에 경계를 늦추지 않고, 조심조심 피해 간다.

물 위로 드러난 빙산의 윗부분을 '형식지'라 하고, 물속에 잠겨 보이지 않는 빙산의 아랫부분을 '암묵지'라고 부르는데, 신규 창업자들이 이 암묵지를 우습게 보는 경우가 많다. 한 동네에서 오랜 세월 장사를 한 사람들은 신규 창업자들보다 스펙이나 학벌 같은, 겉으로 드러난 형식지의 측면에서는 좀 떨어져 보일지 모른다. 하지만 긴 시간 동안 쌓아온 경험과 경륜의 암묵지를 가졌기에 어떤 시련이 와도 잘 이겨낸다.

그러므로 음식점을 창업해 꿈꾸던 성공을 이뤄내려면, 오래 장사한 고수들의 노하우를 배우고 자기 것으로 만드는 것이 매우 중요하다. 그리고 동네마다 특성이 있기 때문에 장사 경력이 많더라도 새로 음식점을 차리려는 곳에 대해 충분히 조사하고 알맞은 전략을 세워야 한다. 이 단계를 건너뛰면 뼈 아픈 실패를 경험할 수밖에 없다.

부끄럽지만 나 또한 제대로 된 준비 없이 섣부르게 나섰다가 크게 좌절한 경험이 있다. 경기도 광명시 하안동에서 10년 넘게 만두 장사를 해서 나름 성공을 거두었다고 자만한 것이 화근이었다. 나는 다른 곳에서 가게를 열어도 잘될 줄로 믿고, 2012년 자신만만하게 서울시 가산동에 2호점을 열었다. 방송 출연 이력을 내세워 적극적으로 홍보하며 장사했지만 거기선 나도 어쩔 수 없는 신규 창업자일 뿐이었다.

하안동 주방에서는 점심시간에 아무리 많은 손님이 와도 너끈히 감당할 수 있었다. 하지만 가산동 주방에서는 동선도 다르고 환경도 낯설다 보니, 손님이 한꺼번에 몰려오면 자꾸 헤매고 실수를 하게 되었다. 음식 장사를 오래 한 나도 이러한데, 음식점 창업이 처음인 사람은 어떠하겠는가?

그러므로 가게를 차리기 전에 우선 경험 많은 고수에게 배워야 한다. 그 지역에서 산전수전 겪어가며 몸으로 차곡차곡 노하우를 쌓은 사람들을 찾아가서 물어보고 그 사람들의 비결을 자기 것으로 만들어야 한다. 가능하다면 그 사람들의 가게에 취직해, 허드렛일이라도 하면서 가까이에서 직접 보고 배우기를 권한다.

10년 이상 한곳에서 음식점을 운영하면서 그 지역 고객의 입맛을 맞추기 위해 노력한 사람들은 '음식 박사'와도 같다. 유명 요리학교 선생도, 고급 레스토랑 셰프도 모르는 음식과 경영의 비법을 알고 있다. 그러니 나는 잘할 거라는 근거 없는 자신감은 버리고, 겸손한 자세로 경험 많은 고수들에게 배워야 한다. 사실 그렇게 배우고 준비해도, 자신이 꿈꾸는 목표를 이루기는 참으로 힘든 것이 현실이다.

합리적 낙관주의로 천천히 장사 근육을 키우자

얼마 전 TV에서 방송인 홍석천 씨가 이태원에서 운영하던 여러 가게를 접고 주방 집기들을 중고기기 업체에 처분하는 모습을 보았다. 고가의 커피머신, 와인 냉장고 등이 헐값에 팔리는 모습을 보니 같은 외식업을 하는 사람으로서 마음이 편치 않았다. 홍석천 씨 표현대로 저승사자 같은 중고기기 업체 사람들은 그 넓은 홀에 있던 비싼 중고 집기들을 전부 가져가고 겨우 100만 원을 건넸다.

그 지역에서 여러 식당을 거의 20년 동안 운영한 홍석천 씨도 폐점을 하는 것이 요즘의 실정이다. 통계청 자료에 따르면, 음식점을 창업하고 1년 후에도 영업을 지속하는 경우가 전체의 50퍼센트도 되지 않는다고 한다. 5년 내에 폐업하는 사람이 10명 중 8~9명이나 된다고 하니, 음식 장사로 성공하는 일이 얼마나 힘든지 새삼 체감하게 된다.

그런데도 여전히 수많은 소상공인이 종잣돈에 대출까지 받아서 음식점을 열고 얼마 못 가 폐업하는 일이 곳곳에서 벌어진다. 분명 주위 친척이나 친구, 지인이 어렵게 장사하다가 폐업하는 모습을 보았을 텐데도 창업에 나서는 이유가 도대체 무엇일까?

베트남 전쟁 당시 미국 해군 중령이었던 제임스 스톡데일(James Bond Stockdale)은 악명 높은 포로 수용소에 갇혀서 고문과 폭행, 열악한 생활을 견뎌야 했다. 그렇게 8년이 흘러, 장교로서는 혼자만 살아남아 고국으로 돌아왔다. 기자가 살아서 돌아온 비결을 묻자, 그는 이렇게 답했다.

"지나치게 낙관적인 사람들은 견디지 못하고 죽었습니다. 저는 그들과 달랐기에 살아남을 수 있었습니다."

동료들은 크리스마스 전에는, 부활절 또는 추수감사절에는 풀려나겠지 하고 막연한 희망을 가졌지만 그것이 좌절되자 곧 절망해 결국 죽게 된 것이다. 하지만 스톡데일은 수용소에서 나가는 것이 결코 쉽지 않음을 인정하면서, 그럼에도 불구하고 언젠가는 꼭 나가겠다는 의지를 가지고 비좁은 독방에서도 끊임없이 체력을 단련했다. 이처럼 '합리적 낙관주의'를 가지고 쉴 새 없이 노력했기에 결국 생존했고 미국의 전쟁 영웅이 될 수 있었다.

장사를 하는 우리에게도 이러한 합리적 낙관주의가 필요하다. 창업해서 살아남을 확률이 10퍼센트 아니 5퍼센트도 되지 않는 현실을 인정하고, 꾸준히 노력해야 한다. 음식이 맛있고 친절하다고 하루 10명 오던 손님이 갑자기 100명으로 늘어나지는 않는다. 언제부터, 어떤 계기로 장사가 잘 될지 예측할 수 없기에 음식 장사는 참 힘든 것이다.

그러니 단기간에 빠르게 머리로 배워서 창업하지 말고, 경험을 쌓고 지역에 대한 조사도 한 뒤에 충분히 준비가 된 상태에서 창업하라. 그리고 창업 초기에는 자리가 잡히지 않아서 힘들 수 있지만, 성급하게 무리하지 말고 차근차근 내가 할 수 있는 일부터 하면서 장사 근육을 키우면 된다. 그렇게 천천히 장사의 습관을 들여야 10년, 20년 무리하지 않고 계속할 수 있다.

이런 사람만
창업하자

장사꾼, 반드시 팔아야 사는 사람

어느 날 책을 보다가 김연대 시인의 〈상인일기〉라는 시를 읽었
다. 시구 하나하나가 너무 와닿고 공감되어 여기에 옮겨본다.

> 하늘에 해가 없는 날이라 해도
> 나의 점포는 문이 열려 있어야 한다
> 하늘에 별이 없는 날이라 해도
> 나의 장부엔 매상이 있어야 한다
>
> 메뚜기 이마에 앉아서라도
> 전(廛)은 펴야 한다

강물이라도 잡히고
달빛이라도 베어 팔아야 한다
일이 없으면 별이라도 세고
구구단이라도 외워야 한다

손톱 끝에 자라나는 황금의 톱날을
무료히 썰어내고 앉았다면
옷을 벗어야 한다
옷을 벗고 힘이라도 팔아야 한다
힘을 팔지 못하면 혼(魂)이라도 팔아야 한다

상인은 오직 팔아야만 하는 사람
팔아서 세상을 유익하게 해야 하는 사람
그렇지 못하면 가게 문에다
묘지(墓地)라고 써 붙여야 한다

　　이 시인을 직접 만난 적은 없지만, 힘을 팔지 못하면 혼이라도
팔아야 한다는 그 절박한 이야기가 자꾸만 머릿속에 맴돈다. 분
명 자영업을 해본 사람이 쓴 시라는 생각이 든다. 그렇지 않으면
이렇게까지 절절하게 쓸 수는 없을 것이다.
　　시인이 시에서 말하듯이, 상인 즉 장사꾼은 반드시 팔아야만

하는 사람이다. 파는 행위로 세상을 유익하게 해야 한다. 그런데 이 일이 결코 쉽지가 않다. 해와 별이 뜨지 않은 것만 같은 상황에도, 손님이 한 명도 없는 상황에도 어김없이 가게 문을 열고 매상을 올려야 하기 때문이다. 그러니 무턱대고 가게를 차리기 전에, 내가 장사를 할 만한 인물인지 먼저 점검해보아야 한다.

어떤 사람이 장사를 하면 좋을까?

장사, 특히 음식 장사의 현장은 마치 전쟁터 같다. 총알만 오가지 않을 뿐, 하루에도 여러 차례 크고 작은 고비를 넘기곤 한다. 이렇게 힘든 일을 오랫동안 든든히 해나가려면, 몇 가지 조건이 받쳐줘야 한다. 긴 세월 음식 장사를 해온 사람으로서, 과연 어떤 사람이 이 일에 알맞은지 한번 정리해보았다.

첫째, 사람 만나는 것을 좋아하고, 요리를 즐기는 사람이어야 한다
사람의 본성은 쉬이 변하지 않는다. 어려서부터 혼자 있기를 좋아하는 사람이 장사를 하면 크게 스트레스를 받게 된다. 그리고 음식 만드는 일을 즐기지 못하면, 변화하는 손님들의 입맛과 요구를 충족시킬 수 없어 도태될 수밖에 없다. 그러므로 새로운 사람들과 끊임없이 만나 소통하고, 꾸준히 메뉴 연구를 하는 일을 즐길 수 있는지 스스로에게 물어보라.

둘째, 자기 관리를 철저히 할 줄 아는 사람이어야 한다

내가 음식점을 하면서 제일 싫어하는 사람은, 주방 일을 하는데 여전히 담배를 피우는 사람이다. 나도 젊었을 적에는 하루 세 갑까지 피우는 골초였다. 하지만 흡연을 하면 정확한 미각을 유지할 수 없기에, 요리를 시작하자마자 담배를 끊었다.

술을 즐기는 습관도 음식 장사에는 도움이 안 된다. 과음 후 다음 날, 컨디션이 엉망인 상태로 주방에서 요리를 제대로 할 수 있을까? 설령 손님들은 잘 모르더라도 본인은 분명히 그 차이를 알 것이다. 그러니 음식 맛과 서비스 질을 일정하게 유지하려면, 술 담배를 단호하게 끊고 철저한 자기 관리로 최적의 컨디션을 유지해야 한다.

셋째, 몸과 마음이 건강하고 성실한 사람이어야 한다

나와 아내가 20년 동안 한결같이 음식 장사를 계속할 수 있었던 것은 건강했기 때문이다. 날마다 아침 일찍 가게에 나와서 음식을 준비하고, 손님들에게 열심히 음식을 팔고, 문 닫은 뒤에 마지막 정리와 다음 날 판매할 음식 준비까지 마치려면 튼튼한 체력이 필수다.

그리고 몸뿐만 아니라 정신도 든든하게 무장해야 한다. 왜 장사를 해야만 하는지, 이 일을 통해 무엇을 이루고자 하는지 명확한 목표가 있어야 한결 같은 자세를 유지할 수 있다. 나와 아내가 고된 일과를 매일 반복할 수 있었던 비결은 강한 의지와 절실함이 있었기 때문이다.

넷째, 인정이 있고 마음이 넉넉한 사람이어야 한다

외국 여행을 가서 식당에 가보면, 주문한 음식 외에 다른 반찬이 딱히 나오지 않고 물도 사 먹게 되어 있어서 좀 당황하게 된다. 심지어 화장실 이용도 돈을 내고 하게끔 되어 있는 곳이 많아 더욱 야박하게 느껴지곤 한다.

사용한 만큼, 먹는 만큼 돈을 지불하는 방식은 합리적인 것처럼 보이지만 우리나라 실정에는 맞지 않는다. 예로부터 정을 중시해온 문화 때문이다. 음식 장사를 오래 하려면, 푸짐한 인심을 베풀 줄 알아야 한다. 아낌없이 내어주는 손길에 손님은 감동하고, 오랜 단골이 됨을 잊지 말자.

다섯째, 진정성과 함께 겸손하고 항상 배우는 자세인 사람이어야 한다

자영업자들은 대부분 사업이 어느 정도 궤도에 오르면 어려웠던 시절의 얘기를 꺼내놓는 걸 꺼린다. 돈이 없어서 별일 다 했다는 사실을 창피해하고 숨기고 싶어한다. 그리고 남의 말을 잘 듣지 않으려 한다. 이렇게 되면 교만해져서 더 성장해나갈 수가 없다.

계속 사업체와 함께 성장하고 싶다면, 겸허하게 자신을 낮추고 끊임없이 배울 줄 알아야 한다. 그리고 이러한 자신의 성장 스토리를 꾸밈없이 사람들에게 알리며 나와 가게를 마케팅해야 한다. 겸손하고 진정성 있는 태도만이 가게를 살아 있게 하고, 장사꾼을 성장하게 만든다는 사실을 잊지 말자.

단거리 경주 아닌 마라톤이다

지금까지 장사꾼의 요건에 대해 구구절절 적어보았다. 이야기를 한마디로 요약하자면, 고객의 입장에서 좋아할 만한 가게를 만들 수 있는 사람이 좋은 장사꾼이라는 말이다.

우리 가게의 예를 들자면, 우리는 모든 음식을 매일매일 만드는 것을 철칙으로 삼는다. 그날 장사가 잘되어 음식이 다 나갔다고, 추가로 급히 만들지 않는다. 그렇게 하면 고객에게 한결 같은 음식과 서비스를 제공할 수 없고, 금방 과부하가 걸리게 되기 때문이다. 그래서 매일 우리가 만들 수 있는 만큼만 최선을 다해 준비해 판매하고, 그 뒤에는 미련 없이 영업을 종료한다.

음식점을 한다는 것은 단거리 경주가 아닌 마라톤이다. 짧은 시간 안에 승부를 볼 수 없기에 조금씩 천천히 그러나 꾸준히 오랜 시간을 달리는 수밖에 없다. 그러니 단번에 큰돈을 벌어야겠다는 생각은 접고, 가게와 함께 커나간다는 마음으로 충실하게 준비한 뒤에 창업하기를 바란다.

신용과 절실함, 노력과 인내가 자산이다

부도났어도 책임은 져야지!

나는 20~30대 시절에 간판과 인테리어 사업을 했다. 직원 4명과 현장을 직접 발로 뛰며 15년간 열심히 일했다. 그러다가 대기업 공사 일을 맡아서 하던 중에 나의 설계 실수로 큰 어려움에 빠졌고, 2001년 결국 부도를 맞게 되었다.

부도 후 내가 제일 먼저 한 일은 남은 돈으로 직원들 임금을 지급하는 것이었다. 그리고 폐업 신고를 한 뒤에는 생계를 위해 만두 가게 주방에서 설거지 알바를 했다. 다행히 그 가게에서 성실성을 인정받아 음식점 운영 노하우와 만두 만드는 비법을 배울 수 있었고, 그 뒤 살고 있던 17평 아파트를 1억 원에 팔아 5,000만 원 빚을 갚고 남은 돈으로 만두 가게를 열었다.

그렇게 일단락되는 줄 알았는데, 뜻밖의 상황이 펼쳐졌다. 내가 부도를 맞고 업종을 바꿔 음식 장사를 시작했다는 소문이 돌자, 내게 돈을 줘야 하는 거래처들은 연락을 끊고 반면에 내가 돈을 갚아야 하는 프레임 공장 사장은 거의 날마다 전화를 걸어왔다. 그 사장은 내가 계속 동종 업계 일을 하면 기다려줄 수 있지만, 그게 아니므로 어서 돈을 갚으라고 재촉했다.

아파트를 판 돈으로 빚을 다 갚은 줄로 알았던 아내는 식당 창업 후 어려운 형편에 빚 독촉 전화까지 오니 "도대체 숨기고 있는 빚이 얼마나 있어?" 하고 물으며 부도 후 처음으로 화를 냈다. 그 말을 듣고 솔직히 서운했지만 내 실수 때문에 발생한 일이었기에 달리 할 말이 없었다. 나는 아내를 설득해 우리가 받아야 할 돈은 과감히 포기하고, 프레임 공장 사장에게는 갚아야 할 500만 원을 매달 30만 원씩 나눠서 갚기로 약속했다. 비록 부도와 잇따른 창업에 여러모로 힘겨운 상황이었지만 내가 감당해야 하는 책임을 저버리지 않았고, 이것은 곧 좋은 결과를 가져왔다.

장사꾼은 신용으로 먹고산다

30만 원이 지금은 큰돈이 아니지만, 20년 전에는 가게의 하루 매출액이었다. 매달 그만한 돈을 갚기란 결코 쉬운 일이 아니었다. 가뜩이나 빠듯한 살림에 빚까지 갚게 해서 아내에게 무척 미안했다.

예전부터 돈 관리를 착실하게 해온 아내는 내가 말하지 않아도 매달 상환일 전날 갚아야 할 돈부터 미리 입금했다. 굳이 그러는 이유가 궁금해서, 아내 기분이 좋아 보이는 날 물어보았다. 그랬더니 힘들게 번 돈이라 너무 아깝지만, 여유 없는 살림에 약속을 못 지킬까 봐 걱정되어서 마음 변하기 전에 그 돈부터 먼저 입금한다고 대답했다. 신용을 지키려고 애쓰는 아내에게 깊이 고마움을 느꼈다.

우리 부부가 20년 동안 장사하면서 자랑할 만한 것은, 바로 신용을 가장 중요하게 여기며 철저히 지켰다는 점이다. 우리는 지금까지 한 번도 거래처 결제일을 어긴 적이 없다. 가게에 불이 나서 한동안 장사를 접어야 했을 때에도, 가산동 분점을 폐업하고 자금난을 겪을 때에도, 거래처에 줄 돈은 은행 대출을 받아서라도 제때에 결제했다. 장사하면서 가장 중요한 것이 신용이라고 여겼기 때문이다.

매달 30만 원씩 10개월 동안 갚았을 때, 프레임 공장 사장이 연락도 없이 과일 꾸러미를 들고 불쑥 찾아왔다. 그 사장은 우리가 형편이 어려워서 가게에서 어린 딸과 숙식을 해결해가며 장사한다는 얘기를 들었다면서 이렇게 말했다.

"사장님, 힘든 상황에서도 입금 날짜 한 번도 어기지 않고 돈을 보내줘서 감사합니다. 지금까지 갚은 300만 원이면 우리 인건비 빼고 재료 원가는 되니까, 나머지 200만 원은 갚지 않으셔도 됩니다."

그 말에 얼마나 놀라고 고마웠는지 모른다. 아내가 무척 감사해하며 공장 직원들과 함께 나눠 먹으라고 만두를 많이 포장해 건넸다. 그랬더니 사장은 거래처 사람이 여기 만두가 너무 맛있다고 하던데 남은 빚은 소문난 맛집 만두로 퉁친 셈이 되었다며 농담을 했다. 그러면서 열심히 사니까 분명 좋은 일만 있을 거라고 우리에게 덕담을 해주고 갔다.

믿음을 지키기 위해 애쓴 시간을 뜻밖의 선물로 보상받은 것 같아 가슴이 뭉클했다. 물론 사업을 하면서 신용을 지키는 일은 어렵다. 때로는 손해를 보는 것 같기도 하고, 너무 힘들어서 다 포기하고 싶은 때도 있다. 하지만 내가 조금 손해를 볼지언정 남에게 피해를 주지 않고 약속을 꼭 지켰기에 한곳에서 오랫동안 장사할 수 있었던 것 같다. 꾸준한 장사의 비결은, 바로 신뢰를 지키는 데 있다.

간절하게 노력하고 기다려야 결실을 거둔다

장사는 하루아침에 승부를 볼 수 있는 것이 아니다. 앞서 말했듯이 마라톤처럼 꾸준히 준비하고 노력해야 성과를 거둘 수 있다. 날마다 해야 할 일을 충실히 하고 고객과 거래처, 주위 이웃들과의 관계에서 신뢰를 쌓아가다 보면 어느 날 바라던 목표 지점에 이를 수 있을 것이다.

그런데 요즘에는 사람들이 너무 성급하게 장사를 시작하려는 경향이 있는 것 같다. 얼마 전에는 한 40대 주부가 나를 찾아왔다. 장사가 처음이라는 그 사람은 서울 관공서 옆 상가에 있는 작은 프랜차이즈 칼국숫집을 인수하려는데 조언을 얻고 싶다고 했다.

나는 점포 임대료와 관리비를 물어보고, 음식 가격과 테이블당 단가, 원가 등을 어림짐작해 마진율을 대략 계산해보았다. 영답이 안 나왔다. 그래서 계약했냐고 물어보니 다행히 아직 안 했다기에, 지금 당장 창업하기보다는 그 칼국숫집의 본점에서 몇 달이라도 일해보고 결정하라고 권했다. 다소 실망한 기색이었던 그 사람이 경험 없이 무턱대고 창업하지 않기를 바랄 뿐이다.

사람들은 외식업을 하면 단기간에 돈을 많이 벌 수 있을 줄로 착각한다. 그런 생각으로 충분히 준비도 하지 않은 채 뛰어들었다가 뜻대로 안 되면 금방 싫증을 느끼고 포기한다.

하지만 음식 장사는 시작하자마자 돈을 확 벌 수 있는 일이 아니다. 개업 후 몇 달간 적자가 이어질 수도 있다. 그렇더라도 흔들리지 않고 한결 같은 간절함으로 정성껏 음식을 만들고, 손님과 거래처와 좋은 관계를 쌓으면서 끈기 있게 기다려야 한다. 그러다 보면 손님도 매출도 조금씩 늘어난다.

나는 인테리어 사업에 실패한 뒤에 할 만한 것이 만두 가게뿐이었다. 만두를 빚어 팔아야 빚도 갚고 세 식구가 먹고살 수 있었기에 간절한 마음으로 장사에 임했다. 그런 하루하루가 쌓여서 지금의 나와 우리 가게를 이뤘다. 이처럼 간절함을 가지고 꾸준히 노력해야 결실을 거둘 수 있음을 잊지 말자.

설거지 알바,
만두 가게 사장이 되다

아버지와 친구의 죽음이 가져온 변화

나는 스물일곱 살에 사업을 시작했다. 남들보다 좀 일찍 자영업에 뛰어든 셈이다. 왜 그렇게 일찍부터 사업에 나섰을까? 그 계기는 아버지의 죽음 그리고 형제보다 가까웠던 친구 경호의 죽음이다.

아버지는 간암에 걸려 오랫동안 투병을 하셨다. 지금이야 워낙 의료보험이 잘되어 있어서 사정이 좋아졌지만, 30년 전에는 큰 수술을 받으려면 거의 집 한 채 값이 들었다. 그래서 많은 사람들이 중병에 걸리면 치료를 포기해버리곤 했다.

아버지의 투병 기간이 길어질수록 우리 가족은 점점 지쳐갔다. 군 제대 후 직장에 취직해 월급을 받았지만, 전부 아버지 치료비로 금세 사라졌다. 말 그대로 밑 빠진 독에 물 붓기였다. 아버지는 끝내 병원 치료비가 없어서 집에서 돌아가셨다. 오랜 병에 효자 없다더니, 그 모습에 몹시 죄송하고 슬프면서도 '이제 살았구나' 하는 안도감이 들었다. 그때 뼈저리게 깨달았다. 죽을 병에 걸렸을 때에는 평범한 회사원 월급만으로는 치료비를 감당할 수 없다는 사실을. 그 후 절친한 친구 경호의 죽음을 가까이에서 지켜보며 확신은 더욱 굳어졌다.

어려운 20대 시절에 만나 항상 나를 응원해주던 내 친구 경호. 강원도 철원에서 군 생활을 할 때도 그 먼 곳까지 면회를 오고, 휴가를 나오면 군인이 무슨 돈이 있냐면서 용돈까지 챙겨주던 그런 친구였다. 그런데 어느 날 경호가 회사로 나를 찾아왔다. 경호는 담담한 말투로 백혈병에 걸렸다는 엄청난 소식을 전했다. 당시에 여자친구와 약혼까지 한 상태였던 경호는 치료받고 꼭 완치되어서 결혼도 할 거라고 굳은 의지를 내보였다. 그러면서 치료를 받으려면 돈이 필요하다고 내게 간곡하게 도움을 요청했다.

나는 아무것도 가진 것이 없었지만 친구를 꼭 돕고 싶었다. 그래서 내근직 월급으로는 큰돈을 모을 수가 없어서, 시공 시 수당을 받는 현장 일을 하겠다고 회사에 이야기했다. 그러고는 난생처음 전국을 돌아다니며 고된 노동을 했다. 경호의 목숨을 구하겠다는 마음 하나로 현장 근처에서 먹고 자면서 힘들게 일을 했다. 그렇게 악착같이 3개월을 보냈다. 그리고 그때 월급이 30만 원 정도였는데, 수당을 합친 석 달치 월급과 가불까지 받아서 200만 원이라는 엄청 큰돈을 모아 경호의 집에 찾아갔다. 그러나 그새 병이 많이 진행되어, 경호는 몰라볼 정도로 야위어 있었다. 경호는 내가 치료비로 내민 통장을 다시 돌려주며 이렇게 말했다.

"부탁이 있는데, 너랑 자주 가서 감자탕에 술 한잔하던 단골 식당에 가보고 싶어."

경호의 어머니에게 어렵게 허락을 받아, 경호의 약혼자와 함께 감자탕 식당으로 갔다. 어린아이보다 가벼워진 경호를 업고 집에서 걸어서 20분 거리에 있는, 미아리 대지극장 옆 식당까지 가는 내내 속상했다. 식당에 도착해서 감자탕과 소주를 주문했다. 음식이 나왔지만 목구멍으로 넘어가질 않았다. 그저 국물에 소주만 삼키는 내 모습을 경호는 식당 벽에 기댄 채 한참 동안 바라보았다. 그러고는 힘들어해서 다시 업고 집으로 올라가는데, 경호가 내 귓가에 속삭이듯 말했다.

"종택아! 너란 친구가 있어서 행복했다. 넌 내 몫까지 정말 잘 살아야 해."

겨우겨우 내뱉은 그 말에 참았던 눈물이 왈칵 쏟아져내렸다. 경호의 거친 숨소리를 등으로 오롯이 느끼면서 우리의 이별이 가까이 왔음을 느낄 수 있었다. 그로부터 얼마 후, 경호는 스물일곱의 젊은 나이에 세상을 떠났다.

경호의 죽음은 나를 많이 변화시켰다. 아버지가 돌아가셨을 때에는 나보다 연세도 훨씬 많으시고, 투병 기간도 길었기에 엄청나게 놀라지는 않았다. 하지만 동갑 친구의 죽음은 충격 그 자체였고, 많은 걸 생각하게 했다.

도와주지 못한 것에 대한 미안함, 그런 상황이 닥치면 나 또한 속절없이 당하겠구나 싶은 불안감에 이어 어떻게든 젊을 때 돈을 벌어놓아야 한다는 절실함이 생겨났다. 그래서 과감하게 사업을 시작했고, 벌써 35년이 홀쩍 지났다.

만두 가게에서 희망의 불씨를 찾다

지금의 가게를 차리기 전, 간판과 인테리어 사업을 할 때에는 정말 열심히 일했는데도 계속 쪼들렸다. 당시에는 건설업체들이 하청업체에게 돈을 줄 때 어음이나 가계 수표로 주는 경우가 많았다. 그러나 우리는 공사 자재비와 인건비를 거래처에 현금으로 줘야 했다. 그러니 심하면 1년 후에나 현금으로 바꿀 수 있는 어음을 계속 가지고 있을 수 없어서, 불법인 줄 알지만 '어음 깡'이란 걸 했다. 서울시청 부근에 있는 어음 할인 사무실에 가서 30~50퍼센트의 비싼 수수료를 떼고 남은 돈을 현금으로 받는 것이다. 그 얼마 안 되는 돈으로 공사를 하니, 당연히 자금 문제로 항상 시달릴 수밖에 없었다.

그러다가 앞서 말했듯이 큰 사건이 벌어져서 부도를 맞았고, 당장의 생활고를 해결하기 위해 아는 사람 소개로 설거지 알바를 시작한 것이다. 솔직히 동네에서 그런 일을 하면 아는 사람을 마주치게 될까 봐 두려웠다. 그래서 일부러 경기도 성남까지 가서 일당 3만 원짜리 알바를 했다. 20일 동안 일하고 60만 원을 받아서 딸아이 분유와 기저귀를 사고, 남은 만 원을 아내 손에 쥐어줄 때 느꼈던 뿌듯함이 생생하게 떠오른다. 내 생애 가장 행복했던 기억 가운데 하나다.

평탄한 삶을 살아온 사람은 이런 감정을 이해하기 어렵겠지만, 한 번이라도 부도를 겪은 사람이라면 아마 공감할 것이다. 그 기쁨으로 암울한 현실에서도 성심성의껏 맡은 일을 감당할 수 있었고, 그 모습을 좋게 봐준 사장의 도움으로 만두 가게를 차려 다시 일어설 수 있었다.

지금 혹시 힘겨운 상황에 놓여 있는가? 그렇다면 용기를 내어 부딪쳐보기를 권한다. 아무리 어려운 상황이라고 해도 절박한 마음으로 노력하다 보면 작은 행복을 찾을 수 있다. 그리고 그 실낱같은 희망의 불씨로 고비를 넘길 수 있다.

상호와 메뉴를 제대로 정하자

대표 메뉴가 잘 드러난 상호여야 한다

창업을 준비하면서 가장 고민되는 것 가운데 하나가 상호다. 20년 전, 개업을 앞두고 나도 가게 이름을 뭐라고 지을지 고민했다. 이런저런 후보가 있었지만, 부르기에 좋고 기억하기에도 좋은 '개성손만두'로 결정했다.

그런데 언젠가부터 똑같은 이름의 프랜차이즈 식당이 우후죽순으로 생겨나 뜻하지 않은 피해를 보고 있다. 지금 와서 가게 이름을 바꾸려니, 돈도 시간도 너무 많이 소요될 것 같아 그냥 포기했다. 이런 곤란을 겪지 않으려면 어떻게 해야 할까?

우선 특정 지명이나 '원조'라는 표현은 가급적 사용하지 않기를 권한다. 많은 사람이 가게 대표의 출신지나 가게가 위치한

곳, 팔고자 하는 음식의 본고장 등의 지명을 무심코 상호에 집어넣는다. 하지만 지명은 누구나 사용할 수 있어 상표 등록이 어렵다. 또한 '원조'라는 말도 아무나 사용할 수 있기에 피하는 것이 좋다. 간혹 어려운 외국어나 본인만 아는 표현을 상호에 넣는 사람들도 있다. 그런데 무엇을 파는지 짐작도 가지 않는 곳에 과연 손님이 찾아올까? 장사가 잘되기를 바란다면, 손님이 쉽게 이해하고 오랫동안 기억할 만한 상호를 내걸어야 한다.

자, 머릿속에 한번 떠올려보자. 내가 사는 동네의 음식점 중에서 그 이름이 정확하게 기억나는 곳이 몇 군데나 있을까? 아마가게 위치와 파는 음식은 떠올라도, 이름은 잘 떠오르지 않을 것이다. 사람들이 직장에서 이름보다는 '김대리', '박과장' 등의 직급으로 서로를 부르듯, 음식점도 대표 메뉴로 기억하고 부른다. '사거리 만두 가게', '2층 돈가스집', '은행 옆 분식점' 등으로 대개는 가게가 위치한 곳과 대표적인 메뉴로 음식점을 기억한다.

그러므로 상호에는 그 가게의 대표 메뉴 이름이 들어가는 것이 좋다. 또한 대표 메뉴와 함께 그 가게만의 정체성을 손님들에게 쉽게 각인시킬 수 있는 표현을 넣어서 이름을 지으면, 그 자체로 홍보 효과를 낼 수도 있다.

메뉴는 어떻게 정할까?

앞서 대표 메뉴가 잘 드러난 상호여야 손님들이 쉽게 기억할 수 있다고 했다. 비슷한 얘기로, 음식점에는 확실한 대표 메뉴가 있어야 한다. 대표 메뉴 없이 여러 음식을 만들어 파는 곳은 손님이 기억하기도 어렵고, 다른 누군가에게 그 가게를 설명하기도 힘들다. 그러므로 대표 메뉴를 알맞게 정하는 일이 참 중요한데, 어떻게 정해야 할까?

무엇보다 내가 좋아하는 음식이어야 한다. 언제든 맛있게 먹을 수 있는 음식을 대표 메뉴로 정해야 연구하고 노력하는 일이 덜 힘들다. 또한 신선한 재료를 쉽게 구할 수 있는 메뉴가 좋다. 이렇게 해서 주 메뉴를 정했다면, 이제 연구와 실행에 나설 차례다. 요새는 유튜브나 요리 앱에서 다양한 레시피를 얻을 수 있다. 여러 가지 요리법을 보고 스무 번 정도는 연습해보아야 한다. 한가지 메뉴를 많이 요리해보면 미처 알지 못했던 것들을 배울 수 있고 대략 그 음식에 대한 감이 생긴다. 만약 아무리 만들어보아도 잘 모르겠으면, 자신과 적성이 맞지 않는 것이니 일찌감치 포기하고 다른 메뉴를 고려해보기를 권한다.

충분히 연습하면서 음식에 대한 감도 생기고 맛있게 만들 수 있겠다는 자신감도 솟아나면, 그 음식으로 유명한 맛집을 탐방하고 전략을 세워야 한다. 잘되는 집에 찾아가서 음식 맛을 보고 평가하고, 무엇을 더 발전시킬 수 있을지 고민해본다. 자신이 식당의 사장이라고 가정하고, 투자 금액 대비 얼마의 마진을 볼 수 있을지 어림잡아보는 것도 필요하다. 그런 뒤에 사업 계획서를 꼼꼼하게 써본다.

많은 사람들이 남의 말만 듣고 음식 장사에 급하게 도전하는데 절대 그래서는 안 된다. 상호부터 대표 메뉴까지 오랜 시간을 두고 차근차근 고민하고 조사하며 준비해야 한다. 그렇게 해서 이제 시작해도 되겠다는 확신이 들었을 때 개업해야 한다.

개업 전 경험이 성공의 토대가 된다

우리 가게는 상호에도 드러나 있듯이 손만두가 대표 메뉴다. 정확하게 말하자면 손만두를 넣은 전골과 만둣국을 주로 판매하고 있다. 한곳에서 오랫동안 장사를 해왔기 때문에, 평소에도 손님이 꾸준히 있지만 비가 오거나 갑자기 추워지면 급격하게 늘어난 손님들로 엄청 붐빈다. 홀 손님과 포장, 배달이 평소 2배로 늘어서 새벽에 만들어둔 만두 소가 이른 저녁에 소진되기도 한다.

이렇게 '만두 하면 그 집이지!' 하고 동네 맛집으로 오랫동안 사랑받는 비결은, 개업 전에 쌓은 충분한 실전 경험이라고 생각한다. 1년간 유명 만두 가게에서 설거지를 하면서 장사와 요리를 가까이에서 배우고 경험한 것이 토대가 되었다.

경기가 좋았을 시절에는 점장을 두고 편하게 장사할 수 있었을 테지만 지금은 상황이 달라졌다. 마진율이 10~20퍼센트 정도밖에 되지 않기에 사장이 직접 모든 일을 책임져야 한다. 그러므로 재료 손질부터 요리, 손님 응대까지 전 과정을 체험하면서 정말 내가 그 일을 감당할 수 있을지 알아보아야 한다.

또한 잘나가는 맛집에 일을 배우려고 취직했다면, 자기 가게처럼 성실하게 일해야 한다. 그렇게 열심히 일하다 보면, 사장의 마음은 열리게 되어 있다. 그럴 때에 '도와주시면 이 은혜 잊지 않고 갚겠습니다' 하고 간곡하게 부탁하면 대부분은 도와줄 것이다.

물론 음식의 비법을 알려준 사장에게는 반드시 금전적으로 보답해야 한다. 왜냐하면 사장에게는 그 비법이 경험으로 쌓은 지식 재산이기 때문이다. 그 재산을 활용해 돈을 번다면 당연히 합당한 대가를 지불해야 한다. 그렇게 해서 맛집 사장과 좋은 관계를 맺으면, 그가 나중에도 든든한 지원군이 되어줄 것이다.

낙동강 오리알 신세가 되지 않으려면?

지금부터 하려는 이야기에는 프랜차이즈에 대한 지극히 주관적인 생각이 담겨 있음을 미리 밝혀둔다. 프랜차이즈 사업으로 성공을 거둔 사람도 많고, 현재 가게를 열심히 운영하고 있는 사람도 많다. 그러므로 내 얘기는 프랜차이즈 사업의 한 부분에 대한 것으로, 창업 전 참고할 만한 조언쯤으로 여겨주길 바란다.

10년 전 고기 뷔페가 한참 유행일 때, 우리 가게 근처에도 대형 고기 뷔페식당이 생겼었다. 가족 모두 고기를 좋아해서 휴일에 다 같이 그 식당을 찾았다. 맛있게 먹던 도중에, 카운터에 있던 식당 사장과 친구의 대화를 우연히 듣게 되었다.

"와, 손님 많네. 대박이다. 너 조만간 건물 짓겠는데."

흥분한 듯한 친구의 말에 사장은 한숨을 내쉬며 대답했다.

"대박은 무슨. 쪽박 차게 생겼다."

나는 사장의 말에 고개를 갸웃거렸다. 50석 테이블이 늘 손님들로 꽉 차 있고 대기 고객도 많은데 망하게 생겼다니? 아무리 생각해봐도 이해되지 않았다. 그저 친구 앞에서 엄살 피우는가 보다 했는데, 정말로 6개월 뒤 그 가게는 문을 닫았다.

왜 이런 일이 벌어진 것일까? 정확한 사정을 알 수는 없지만, 나는 그 가게가 고기 수입·유통 업체가 홍보, 재고 소진 등의 목적으로 만든 일종의 '안테나숍'이었으리라고 추측한다. 안테나숍은 제조업체들이 제품을 홍보하고 제품에 대한 소비자의 평가를 파악하기 위해 운영하는 유통망을 일컫는다.

고기를 수입해 유통하는 업체는, 경기가 나빠서 고기 소비가 위축되면 재고를 없애기 위해 무한 리필 고기 뷔페 프랜차이즈 회사를 만든다. 그런데 유명 프랜차이즈 기업처럼 가맹점을 하겠다는 사람들이 알아서 나타나지 않기 때문에, 먼저 지역별로 안테나숍 점주를 모집한다.

모집 방식은 대개 이렇다. 입지가 좋고 장사가 그럭저럭 되는 대형 식당을 대상으로 가맹비 없음, 본사 특별 지원 등의 파격적인 조건을 제시하면서 점주를 선착순으로 모집한다. 간단히 말해, 무료로 인테리어를 해주는 대신에 신규 입주자들이 구경할 수 있도록 개방하는 아파트 저층의 집 같달까?

안테나숍 점주가 되면 일단 저렴하게 창업할 수 있어 좋다. 하지만 문제는 그 다음이다. 본사 입장에서 이런 가게는 자기들 매장이 전국 곳곳에 있다는 점, 시스템과 운영 계획이 어떠하다는 것을 보여주기 위한 곳이다. 그러므로 나중에 본사 프랜차이즈가 널리 알려지고 가맹점 또한 늘어나면, 안테나숍에는 더 이상 직영점과 똑같은 대우를 해주지 않는다. 왜냐하면 본사에게는 가맹비, 인테리어비로 몇 억씩 투자하는 신규 가맹점이 훨씬 중요해지기 때문이다.

초창기에 안테나숍 역할을 한 가게들은 낙동강 오리알 신세가 되어 본사 방침에 점점 끌려가게 된다. 본사에 항의하고 정당한 대우를 요구하고 싶지만 지금까지 모든 영업 정보를 본사가 관리했기에 눈치를 보며 손해를 감수할 수밖에 없다.

안타깝지만 나도 이와 똑같은 경험을 했다. 서울 가산동에 2호점을 열고 1년쯤 지났지만 매출이 계속 부진했다. 그때 지금은 널리 알려진 순대국 프랜차이즈의 슈퍼바이저가 찾아왔다. 그 사람은 유리한 조건을 제시하면서 나를 설득했고, 그 제안에 따라 순댓국 가게로 재창업하게 되었다. 그리고 정확히 2년 만에 2억 원이라는 손해를 보고 폐업했다.

뼈아픈 실패였지만 돌아보니 많은 깨달음을 준 경험이었다. 나는 이 일을 겪은 뒤로는 더 이상 프랜차이즈 사업에 뜻을 두지 않고, 그런 사업에 뛰어들려고 하는 사람들에게도 내 경험을 들려주며 소자본으로 할 수 있는 생계형 창업을 권한다.

자기만의 전략, 신속한 대응력이 작은 가게의 무기다

나는 음식 장사를 준비하는 사람들에게 5,000만 원 정도로 시작하는 생계형 창업을 권한다. 그러면 많은 이들이 내 가게로 좀 잘될 만하면 옆에 큰 프랜차이즈 가게가 생겨서 망하게 될 수도 있지 않느냐고 묻는다. 하지만 모든 장사는 경쟁 속에서 이뤄진다. 자본이 크든 적든, 프랜차이즈든 개인 가게든 경쟁에서 이기고 지는 건 본인 하기 나름이라고 생각한다. 혹시 성경 속 다윗과 골리앗 이야기를 아는가? 평범한 소년이었던 다윗이 어떻게 키가 3미터도 넘는 골리앗 장군을 이길 수 있었을까?

다윗은 형제 중 막내였고 몸집도 작아, 겉으로는 싸움을 잘할 것처럼 보이지 않았다. 하지만 오랫동안 양치기를 하면서 양들을 노리는 사나운 짐승을 물맷돌로 물리친 1등 저격수였다. 실제로 현대의 과학자들이 물매에 돌을 넣고 회전시켜 던졌더니, 그 구속이 160에서 200킬로미터에 이르렀다고 한다. 우리나라 프로 야구 투수들의 평균 구속이 145~158킬로미터쯤 된다는 사실을 떠올려보면, 다윗의 물맷돌이 얼마나 빠르고 무서운 무기였을지 짐작할 수 있다.

반면에 골리앗은 덩치가 아주 큰 장수였다. 하지만 몸집이 큰

만큼 움직임이 굼떴다. 게다가 놋으로 만든 투구를 쓰고 무게가 57킬로그램이나 되는 놋갑옷을 입었고, 다리에는 놋으로 만든 각반을 대고 무거운 창을 들고 있었다. 방패는 또 얼마나 무거웠던지, 호위병이 방패를 들고 옆에 서 있어야 했다. 그러하니 다윗의 눈에 그는 느릿느릿 움직이는, 거의 고정된 타켓이었을 것이다.

사람들은 다윗이 처참하게 질 줄로 예상했겠지만, 다윗은 요즘으로 말하면 실탄이 가득 든 권총을 지닌 특등 사격수였다. 그는 거추장스러운 왕의 투구와 갑옷도 마다한 채 평소 양을 칠 때 사용하던 지팡이와 물매, 매끄러운 돌 다섯 개만 가지고 골리앗에게 나아갔다. 그리고 무방비 상태로 놓인 골리앗의 이마를 정확히 조준해 돌을 날렸고, 골리앗은 곧장 땅에 쓰러지고 말았다.

다윗과 골리앗의 이야기에서 엿볼 수 있듯이, 덩치 큰 상대와 겨루어 이기려면 자기만의 무기가 있어야 하고 날렵해야 한다. 만약 다윗이 골리앗과 똑같은 전략으로 나섰다면 어떻게 되었을까? 바로 맥없이 나가떨어졌을 것이다. 작은 생계형 가게도 마찬가지다. 큰 프랜차이즈 회사와 같은 방식으로 싸워서는 경쟁에서 살아남을 수가 없다. 작은 가게만이 가질 수 있는 날렵함과 유연함, 스피드, 독창성을 무기로 내세워야만 승산이 있다.

나는 작은 주방에서 혼자 스테이크, 피자, 탕수육 이 세 가지 메뉴를 만들어서 배달로만, 그것도 저녁 장사만으로 한 달에 순수익 1,000만 원 이상을 버는 30대 사장을 알고 있다. 이처럼 몸집이 작다고 해서 경쟁력이 없는 것은 결코 아니다.

오히려 작기 때문에 가질 수 있는 이점이 있다. 특히 변화하는 상황에 신속하게 대처할 수 있다는 점이 장점이다. 대형 프랜차이즈 음식점은 본사 매뉴얼을 따라야 하기 때문에 변화와 매출 저조에도 대응이 늦을 수밖에 없다. 하지만 작은 가게는 언제든 상황에 따라 유연하게 바꿀 수 있는 대응력이 있다.

우리 가게는 날마다 만두를 빚고 겉절이 김치를 담근다. 만둣국에 고명으로 올리는 김도 매일 300장씩 구워 부숴서 쓴다. 이렇게 하면 시중에서 판매하는 김가루보다 훨씬 맛과 향이 좋기 때문이다. 이처럼 정성이 담긴 신선한 음식, 한결 같은 맛을 유지하기 위해 철두철미한 자세로 항상 노력한다. 그러면서도 끊임없이 새로운 요리를 개발해, 지금은 오십 가지 정도의 나만의 레시피를 가지고 있다.

작고 허름한 가게라도 자기만의 전략이 있다면, 발빠르게 상황에 맞춰 대처할 수 있는 날렵함이 있다면, 얼마든지 유명 프랜차이즈 기업을 이길 수 있다. 다윗의 물맷돌 같은 작은 무기, 섬세한 차이가 경쟁이 심한 레드 오션을 독점적 블루 오션으로 만든다. 그러니 '좋은 농사꾼에게 나쁜 땅은 없다'는 말을 되새기며 작은 것부터 시도해보자.

음식 장사로 돈을 벌려면

충분히 배우고 분수에 맞게 창업하라

장사를 하는 목적은 무엇일까? 단언컨대 돈을 버는 것이다. 나와 내 가족이 돈 걱정 없이 편하게 살도록 하기 위해, 남들 쉬는 공휴일에도 새벽같이 나와서 가게 문을 열고 밤 늦게까지 일하는 것이다. 그런데 고되게 일하는데도 돈을 못 번다면?

당연히 허탈하고 지치게 된다. 사실 음식 장사는 참 고된 일이다. 손님이 오든 안 오든, 컨디션이 좋든 안 좋든, 항상 약속된 시간에 꼬박꼬박 문을 열어야 하고 음식을 만들어야 한다. 그렇게 하루 12시간 넘게 일해도 고정 수입이 없고, 들어오는 돈이 들쑥날쑥해 늘 불안감을 안고 산다.

그런데 이런 현실을 이제 막 음식점을 시작하려고 하는 사람들은 잘 모르는 것 같다. 많은 사람이 다른 사람은 몰라도 자기는 처음부터 돈을 막 벌어들일 수 있을 거라고 착각한다. 하지만 막상 개업하고 한 달쯤 지나면 두 번 실망하게 되는데, 한 번은 정산했는데 생각보다 지출이 많은 걸 발견했을 때고 또 한 번은 자신이 가져갈 돈이 없다는 사실을 깨달았을 때다.

대다수 사람들이 생각하듯, 개업을 했다고 손님이 우르르 몰려들어오는 일은 없다. 다달이 들어오는 월급도 없다. 더욱이 개업 초기에는 손님도 별로 없고, 오히려 돈을 쓸 일이 더 많다. 우리 가게의 경우에는 개업하고 꼬박 2년쯤 열심히 노력한 뒤에야 생활비와 고정 수익을 벌어들일 수 있었다. 지금 생각해보면, 이것도 비교적 빠른 축에 속하는 것 같다.

장사는 물 끓이기와 비슷하다. 끓는점인 100도가 되기까지 차가운 상태와 미지근한 상태를 견뎌야만 비로소 목표를 이룰 수가 있다. 그런데 많은 이들이 미지근한 상태에 계속 머무르는 것을 못 참아서 다른 업종으로 바꾸거나 폐업해버리는 것 같다. 나는 20년간 한자리에서 가게를 운영하면서 이런 경우를 비일비재하게 봐왔다. 그래서 창업을 준비하는 사람들에게 반드시 신중하게 생각해봐야 한다고 충고한다. 만약 이러한 현실을 고려하고도 장사를 하겠다고 마음먹었다면, 선배로서 몇 가지 권하고 싶은 것들이 있다.

첫째, 비슷한 업종에서 최소 6개월은 일하면서 경험을 쌓아야 한다

앞에서도 이야기했지만 나는 1년간 유명 손만두 가게에서 설거지 알바를 했다. 그러면서 채소를 손질하고 보관하는 법을 배웠고, 그릇에 남은 음식을 보면서 손님들이 좋아하는 메뉴를 자연스레 알 수 있었다. 그리고 나의 성실함과 당시 어려운 형편을 전해 들은 만두 가게 사장님의 도움 덕분에 귀중한 레시피를 얻어서 만두 가게를 차리고 지금까지 잘 운영할 수 있었다. 이처럼 오랫동안 장사로 먹고살려면 개업하기 전에 반드시 실전 경험을 충분히 쌓아야 한다.

둘째, 자기가 좋아하는 음식을 팔아야 한다

국물에 담긴 고기를 싫어하는 사람들이 의외로 많다. 만약 이런 사람들이 갈비탕이나 순댓국 파는 식당을 한다면 어떨까? 간을 잘 볼 수가 없어서 맛을 제대로 내기가 어려울 것이다. 마찬가지로 비린내를 싫어하는 사람이 횟집이나 생선 음식점을 하면 절대로 신선한 재료를 고를 수 없고, 그렇게 되면 장사가 잘될 리가 없다. 그러므로 자신이 제일 좋아하는 음식, 매일 먹어도 질리지 않는 음식을 팔아야 한다. 내 경우에는 어릴 적부터 만두와 만둣국을 좋아했고 지금도 좋아한다. 그래서 20년 동안 한결 같은 맛을 유지할 수 있었다.

셋째, 분수에 맞는 규모로 창업해야 한다

안타깝게도 많은 사람들이 체면 때문에 처음부터 너무 큰 규모로 사업을 시작하는 것 같다. '내가 과거에 얼마나 잘나갔는데'라는 감옥에 스스로 갇히면 현재와 미래가 불행해진다.

창업은 분수에 맞게 해야 한다. 그리고 창업을 하는 순간, 과거의 성취나 자랑은 과감히 잊고, 햇병아리와 같은 겸손한 자세를 가져야 한다. 그래야만 직원과 손님들과 소통을 잘할 수 있고, 날마다 성장해나갈 수 있다.

장사는 운전과도 같다

장사를 처음 시작해 자리를 잡아가는 여정은 운전을 배우고 능숙해지는 과정과도 비슷하다. 운전을 하고 싶을 때 우리는 먼저 운전학원에 돈을 주고 등록을 한다. 그런 뒤에 꾸준히 수업을 듣고 연습하면서 운전을 배워나간다. 장사도 마찬가지다. 장사를 하고 싶다면 우선 장사하는 곳에 가서 배워야 한다. 수업료를 지불하기는커녕 돈을 받고 배우는 것이니 그만하면 괜찮은 일 아닐까?

또한 운전면허를 딴 뒤에는 차를 구입할 것이다. 이때 내가 마음에 드는 차를 사야 더욱 아끼게 된다. 이처럼 내가 좋아하는 음식, 날마다 냄새를 맡아도 질리지 않는 요리를 선택해야, 그 음식을 매일 만들고 개발하는 일이 행복할 것이다.

그리고 초보 시절부터 무리하게 대형 차를 운전하면 사고가 일어나게 되어 있다. 나는 10년 전에 준중형 차를 SUV 차로 바꾸었다. 차폭이 10센티미터 정도 넓어져서 운전을 하는 동안 나도 모르게 예민해졌다. 주차할 때 다른 차주와 목소리 높여 언쟁을 벌인 적도 있다. 편하게 운전하려고 산 차인데 몰 때마다 불편하면 되겠는가? 장사도 마찬가지다. 돈 벌어서 편하게 살기 위해 시작한 가게가 발목을 잡아서는 안 된다. 그러니 처음에는 부담없이 작은 규모로 시작해서 일이 익숙해지면 조금씩 넓혀가기를 권한다.

장사는 자기 자신과의 싸움이다. 누구에게 배워서 되는 것이 아니라, 스스로 몸으로 부딪치면서 배워나가는 것이다. 이러한 경험이 쌓여서 내공을 만들고, 그 내공이 오랫동안 살아남는 비결이 된다. 나도 한 메뉴로 20년 동안 한곳에서 장사를 했더니 이제야 조금씩 내공이 쌓이는 것 같다. 지금까지 힘든 일도 많았고 지친 적도 많았다. 하지만 끈기를 가지고 꾸준히 노력하고 견딘 끝에 오늘에 이를 수 있었다. 이 글을 읽는 여러분도 차근차근 배우고 기다리며 노력하다 보면 언젠가는 좋은 결과를 얻을 수 있다. 자, 힘을 내어서 한 걸음씩 도전해보자!

2장

흔들리지 않는
나만의 경영 비법

Routine

...

매일 만두 2,000알
매일 2번 새로 담근 겉절이
매일 고명 김 300장

...

1년이라도 미쳐보자

Routine

수북이 쌓인 현찰에서 되찾은 희망

오늘도 새벽 5시 30분에 일어난다. 가게에 도착하면 6시. 혼자 주방에 들어서서 절인 배추를 씻어 큰 도마에 올려놓고, 중국집에서 쓰는 큰 칼 2개를 양손에 잡고 배추를 잘게 다지며 만두소를 만든다. 3시간 이상 걸리는 고된 일이지만 20년 동안 한결같이 반복했더니, 이제는 완전히 몸에 배었다. 부지런히 움직이다가 문득 '나는 왜 이 일을 하게 됐을까?' 스스로에게 물어봤다.

20년 전 나는 간판과 인테리어 사업을 하는, 직원 4명을 두고 나름대로 괜찮은 매출을 올리며 바쁘게 살아가는 마흔 살 사장이었다. 어느 날 대기업의 전자전시회 부스 실내 공사 제의를 받고 들뜬 마음으로 참여했다가 경험 부족과 설계 실수로 인해 5,000만 원가량 빚을 지고 자의 반 타의 반으로 폐업하게 되었다. 그때의 실망감과 상실감을 어떻게 말로 다 표현할 수 있으랴! 게다가 갚아야 할 빚 5,000만 원은 지금도 큰돈이지만 당시에는 더욱 큰 벽이었다. 정말이지 앞으로 어떻게 살아야 할지 막막할 뿐이었다.

그러던 어느 날 아침이었다. 아내가 걱정할까 봐 출근하는 척 바깥으로 나왔는데 마땅히 갈 곳이 없었다. 답답한 마음에 소리라도 질러보려고 차를 몰아 무작정 가다 보니, 소래포구까지 이르렀다. 나는 멍하니 바다를 보면서 줄담배를 피워댔다. 아침부터 아무것도 먹지 않았지만 배고픔을 느낄 여유조차 없었다. 그저 사랑하는 아내와 30대 후반에 어렵게 얻은 3살 딸아이와 함께 앞으로 어떻게 먹고살아야 할지에 대한 생각뿐이었다.

날이 어둑어둑해졌다. 주변 횟집들이 장사를 마무리하는 와중에, 내 시선이 어떤 허름한 횟집에 가서 꽂혔다. 횟집 사장이 웬 항아리를 가져와 식탁 위에 쏟아놓았는데, 만 원권 지폐가 수북이 쌓이는 게 아닌가? 사장은 구겨진 지폐를 일일이 펴면서 세고 있었다. 나는 그 장면을 보고 깜짝 놀랐다. 당시에는 사람들이 카드보다는 현금으로 값을 치렀기에 하루 동안 그렇게 많은 지폐를 벌어들였을 것이다. 어쨌든 거리가 꽤 멀리 떨어져 있었는데도, 돈 생각이 간절했던 터라 그 모습이 뚜렷이 포착되었다.

그때 결심했다. '그래. 뭘 팔든지 현찰 장사를 해야겠다!'

매출이 아무리 많아도 앞으로 남고 뒤로는 밑지는 당시의 사업보다, 파는 즉시 현찰을 거머쥘 수 있는 장사가 낫다는 판단이 섰다. 그러자 절망으로 뒤덮였던 마음에 한 줄기 희망이 생겨났다.

집과 가게를 맞바꾸다

그 일을 겪고 나서, 친척 소개로 성남의 유명한 손만두 가게에서 주방 설거지 알바를 하게 됐다. 체면이고 뭐고 상관없었다. 저녁에 3시간을 일하고 한 달 60만 원을 받으면서 착실히 경험을 쌓았다. 지금이야 길이 좋아져서 광명에서 성남까지 30분이면 가지만, 20년 전에는 1시간 20분은 걸렸던 것 같다. 날마다 멀리서 와서 열심히 일하는 나의 사정을 전해 들은 사장은 전수비 없이 레시피를 가르쳐주었다. 그러면서 이렇게 말했다.

"나는 이제 나이가 많아서 얼마 후 은퇴할 생각이니, 여기서 가까운 데 말고 광명시 집 근처에다 작은 가게로 시작하게."

그 얘기에 너무 감사해서, 아내와 나는 없는 살림에 김치냉장고를 마련해 극구 사양하는 사장에게 선물했다. 그리고 오랜 상의 끝에 우리가 살고 있던 17평 주공아파트를 1억 원에 팔아서 빚 5,000만 원을 갚고 오래되어 세가 저렴한 지금의 가게를 보증금 2,000만 원에 월세 80만 원을 주고 얻었다. 거기에다 권리금 2,000만 원을 주고 실내 공사와 그릇 값으로 1,000만 원을 쓰고 나니 음식 재료 살 돈이 없어서 친구에게서 200만 원을 빌려 마침내 무더운 7월에 개업할 수 있었다.

그 뒤로 집이 없어진 우리 식구는 가게에서 살면서 갖은 어려움을 겪었다. 딸린 방이 없었기에 큰 살림은 아는 사람의 창고에 넣어두고, 딱 필요한 살림만 챙겨서 주방 한쪽 구석에 놓은 뒤 커텐으로 가리고 장사를 했다. 딸은 홀 구석에서 장난감을 가지고 놀았다. 간혹 손님으로 온 또래 아이가 장난감을 빼앗아도 딸이 화도 못 내고 눈치만 보는 모습에 가슴이 아팠다.

한번은 딸이 감기에 걸려서 아픈 몸으로 한쪽 구석에서 자고 있는데, 손님이 담배를 피웠다. 그때는 음식점에서 술을 마시면서 담배를 피우는 사람들이 많이 있었다. 손님이 뿜어대는 연기에 딸이 기침을 하기에 나는 아이가 아파서 그러니 바깥에 나가서 담배를 피면 안 되겠느냐고 조심스레 요청했다. 그랬더니 그 손님은 "아니, 누구는 애 안 키워봤나?" 하면서 벌컥 화를 냈다. 그런 반응을 보자, 내가 왜 장사를 시작했나 자괴감이 들었다.

영업을 마치면 주방 싱크대에서 세수를 하고 고무대야에 물을 받아 몸을 씻었다. 좌식 테이블을 한쪽으로 치우고 요를 깔고 누워서 잤다. 그리고 다음 날 손님들에게 가게에서 생활하는 모습을 보이지 않으려고 일찍 일어나서 요를 치우고 테이블을 원래대로 정돈했다.

쉬어도 쉬는 것 같지 않은 고된 생활이었지만, 절박한 마음으로 노력하는 계기가 되기도 했다. 나는 가장으로서 가족이 쉴 수 있는 보금자리를 빨리 만들어야겠다는 생각으로 새벽부터 10시까지 처절하게 일했다.

성공하려면 올인하라!

옛 어른들은 아무리 어려워도 집은 함부로 파는 게 아니라고 했다. 그 말 뜻을 집 없이 살면서 온몸으로 깨달았다. 하지만 힘들수록 오기가 생겨났다. 열심히 하다 보면 반드시 성공하리라는 믿음 하나로 장사에 내 모든 걸 걸었다. 그리고 모든 힘을 다해 노력한 지 3년 만에 마침내 가게 가까운 곳에 있는 15평 보금자리로 이사할 수 있었다.

온 식구가 장사를 마치고 퇴근해 가다가 집 앞 벤치에 앉았다. 가만히 있다가 새삼 이런 생각이 들었다. '퇴근 후 쉴 수 있는 작은 공간이 있다는 것이 이렇게 기쁘고 감사한 거구나.'

지금 자영업을 하면서 힘들고 어려운 시간을 지나고 있는가? 그럴수록 주위를 보지 말고 내 곁에 있는 소중한 가족을 보자. 그리고 당연한 듯이 누리고 있는 것들에 대해 깊이 감사하자. 퇴근 후 쉴 수 있음에 감사하고, 일할 수 있음에 감사하고, 나를 믿어주고 버팀목이 되어주는 가족이 있음에 감사하고, 언제나 힘을 낼 수 있는 나 자신에게 감사하자.

그리고 1년만이라도 올인하여 미쳐보자. 내 열정과 에너지를 남김없이 쏟아부었을 때 비로소 평범하지 않은 아우라가 넘치는 가게가 된다. 열심히 노력해도 처음에는 별 다른 변화가 없는 것처럼 느껴질 수도 있다. 하지만 꾸준히 노력을 해나가다 보면 이내 겉으로 드러나는 변화를 뚜렷이 경험할 수 있다.

그러한 변화를 일궈내려면 분명, 절실해야 한다. 몇 년 후 어떤 모습이 되기를 바라는가? 지금의 역경을 딛고 일어서서 조금씩 나아지는 나를 상상해보자. '언젠가는 바뀌겠지'가 아니라 '언제까지 바꿀 거야'라고 생각을 전환하고 구체적인 꿈을 가지자. 그 꿈을 향해 모든 힘을 다해 나아가다 보면 반드시 성취하는 날이 온다.

적게 투자해 많이 벌자

Routine

적게 투자하고 많이 벌어라

혹시 '코이의 법칙'을 들어보았는가? 코이는 비단잉어의 한 종류인데 아주 신기한 특성을 지니고 있다. 환경에 따라서 성장하는 크기가 몹시 다르다. 집의 작은 어항 속에 두면 5~8센티미터로 자라지만 커다란 수족관이나 연못에서는 15~25센티미터 정도로 자라고, 큰 강에서는 놀랍게도 90~120센티미터까지 자란다.

이러한 코이처럼 사람도 주변 환경에 따라, 생각의 크기에 따라 능력이 크게 달라질 수 있다는 것이 바로 '코이의 법칙'이다. 그런데 코이는 먹이가 저절로 주어지지 않는 강에서 어떻게 그렇게 크게 성장할 수 있을까? 나는 코이가 스스로 노력해 먹이를 얻어야만 생존할 수 있기에 더욱 크게 성장하는 거라고 생각한다.

거대 글로벌 기업인 구글, 아마존, 애플의 공통점은 모두 차고에서 창업했다는 것이다. 가장 싸고 허름한, 우리나라로 치면 헛간 같은 곳에서 창업자들은 빈손으로 사업을 시작했다. 이 기업들뿐만 아니라 지금은 잘나가는 수많은 기업들이 그처럼 열악한 환경에서 창업을 했다. 힘든 조건에서 사업을 시작하지만, 오히려 그렇기 때문에 더욱 절실함을 가지고 열심히 노력하게 되고, 마침내 큰 성공을 이루었다.

그런데 요즘 창업하는 사람들은 처음부터 너무 무리하게 투자하는 것 같다. 생계형 창업을 하는 사람도 종잣돈과 퇴직금에 대출까지 받아서 사업을 시작한다. 이렇게 투자를 많이 하면, 초조함이 생긴다. 어서 돈을 벌어야 한다는 마음에 조급해져서 사업이 시행착오와 함께 서서히 자리 잡히기까지 느긋하게 기다리질 못한다. 결국 폐업을 하게 되면, 대출금과 빚만 잔뜩 남을 뿐이다.

그러므로 처음부터 너무 많은 돈을 투자하지 말고, 성공한 글로벌 기업들처럼 분수에 맞게 투자해서 많은 수익을 거두도록 생각을 전환해야 한다. 그런데 어떻게 적게 투자해 많은 수익을 거둘 수 있을까? 그 방법은 생존력, 치열한 노력뿐이다. 끊임없이 배우고 시도하며 노력할 때 점점 더 사업은 성장하게 된다.

빠른 창업은 빠른 폐업을 낳는다

많은 사람이 창업을 하려고 할 때 프랜차이즈 회사나 컨설팅 회사, 부동산 업체 등을 찾는다. 스스로 경험과 지식이 모자라다고 생각하기 때문에 경험 많은 업체들의 도움을 받으려고 한다. 그리고 이러한 업체들과 상담하면 순식간에 일이 척척 진행된다. 도중에 예산이 초과되어도, 차분히 따져보고 다른 방식을 고민해보고 싶어도 쉬이 멈출 수가 없다. 왜냐하면 주도권을 창업자가 아닌 창업 관련 업체들이 쥐고 있기 때문이다.

이러한 업체들은 창업자가 빨리 창업을 할수록 수수료를 빨리 받을 수 있기 때문에 일사천리로 일을 진행시킨다. 대체로 업체들과 창업을 준비할 경우에 개업까지 한 달 정도 걸린다고 한다. 그렇게 빠른 시간 내에 만들어진 가게는 겉보기에는 번듯해 보일지 몰라도, 속은 텅 비어 있다. 창업자의 고민과 결정, 개성이 결여되어 있기 때문이다. 오래 장사를 해본 사람들은 안다. 그렇게 빨리 만들어진 가게로 돈 벌 수 없다는 사실을.

그러니 절대로 급하게 마음먹지 말고 모든 것을 꼼꼼히 스스로 챙겨야 한다. 모르는 것은 배워가면서 모자란 경험을 착실히 쌓아가면서 자기만의 가게를 구축해야 한다. 그렇게 오랫동안 충분히 준비해서 분수에 맞게 차린 가게는 언뜻 보기에 평범하고 다소 허름해 보일지 모르지만 서서히 진가를 드러내며 성장하게 마련이다.

몸으로 뛰는 수밖에 없다

누구나 초보 때는 서툴다. 20년 전의 나 또한 그랬다. '개성손만두'라는 이름을 달고 처음 개업하던 날이 떠오른다. 마을에서 공익 봉사를 나름 많이 해서인지 지인들이 많이 찾아와주었다. 영업이 끝나고 헤아려보니, 매출이 100만 원이 넘었다. 생각보다 많은 액수에 놀라서 '와! 금방 부자 되겠구나. 이제 돈 벌 일만 남았구나.' 하며 좋아했는데, 다음 날부터 하루 매출이 점점 내려가더니 20만 원 언저리에서 고정되어버렸다.

그러던 어느 날, 하루 매출이 35만 원이나 되어서 기분이 몹시 좋았다. 그래서 고생하는 아내와 딸아이를 데리고 밤 10시에 고깃집에 가서 외식을 했다. 왜 그리 배가 고팠는지 삼겹살 5인분을 시켜서 함께 맛있게 먹었다. 그 뒤로도 매출이 30만 원을 넘으면 그 고깃집에서 늦은 외식을 했다. 어느덧 단골이 된 고깃집에서 그날 밤에도 삼겹살을 먹는데 중년의 여사장님이 넌지시 와서 물어보았다.

"혹시 하는 일이 뭐예요?"

사장님은 늦은 시간에 와서 젊은 부부가 아이를 데리고 삼겹살 3인분과 돼지갈비 2인분에 공깃밥까지 먹는 모습이 신기해서 말을 걸었다고 나중에 우리와 친해진 뒤에 말해주었다. 고기를 먹다가 아이는 잠들고, 우리는 끝까지 허겁지겁 먹는 모습이 호기심을 자아낼 만도 했다. 개업 초기에 우리는 모든 게 서툴러서 저녁밥도 거른 채 일만 했다. 그러니 허기질 수밖에. 고깃집 사장님과는 친해져서 그 뒤로는 서비스도 주고 가게에서 먹으라며 반찬도 챙겨주었다.

어느 날 사장님이 우리에게 하루 매출이 얼마냐고 물었다. 그래서 자신 있게 '35만 원'이라고 말했더니 '우린 250만 원'이라고 답하는 게 아닌가? 그런 매출 규모는 처음 접해보았다. 사장님의 대답에 '누구 기죽이려고 이러나' 싶어 슬며시 화가 났지만 한편으론 부럽기도 했다. 그래서 비결이 뭐냐고 물어보니, 사장님은 대뜸 양말을 벗어 자신의 발을 보여주었다. 양쪽 엄지발톱이 없었다. 이윽고 사장님은 내게 말했다.

"우리도 없이 시작해서 정말 열심히 했어요. 결국 몸으로 뛰는 수밖에 없는 것 같아요. 그렇게 3년만 꾸준히 노력하면 좋은 결과를 얻을 수 있어요."

우리는 항상 밤에만 가서 낮에 그 가게에 손님이 얼마나 많은지를 몰랐다. 사장님은 가게에 손님이 꽉 차 있을 때는 수레 같은 것이 걸리적거려서 손수 쟁반을 들고 다니면서 반찬을 날랐다. 그런데 반찬이 잔뜩 든 쟁반이 너무 무거워서 엄지발가락에 힘을 주다 보니 발톱이 빠진 거였다.

나는 그 순간 큰 충격을 받았다. 그리고 많은 것을 느꼈다.

"그래. 나도 3년만 몸으로 뛰어보자! 아니 한번 미쳐보자!"

그래서 다음 날 새벽부터 영등포 야채시장을 찾아가서 신선한 재료를 구입했다. 그 재료들로 매일매일 만두소와 육수를 만드니 음식 맛이 한층 좋아졌고, 주위에 입소문이 나기 시작했다. 그리고 정말 신기하게도, 3년 만에 작은 가게인데도 하루 매출이 100만 원까지 올라갔다.

자랑처럼 들릴 수 있겠지만, 내가 고깃집 사장님으로 인해 긍정적 변화를 이룰 수 있었듯이, 예전의 나처럼 힘든 시기를 보내는 누군가에게 좋은 변화의 계기가 되었으면 해서 이 이야기를 꺼내놓는다. 고깃집 사장님도 나도 시작은 거창하지 않았다. 맨손이었기에 치열하게 노력했고, 그 결과 적은 투자로도 알찬 이윤을 거둘 수 있었다. 음식 장사, 어떻게 해야 성공할 수 있을까? 끊임없이 몸으로 뛰며 노력하는 수밖에 없다. 그러다 보면 늦더라도 분명 좋은 결실을 거둘 수 있을 것이다.

이웃 가게들과 상생하자

Routine

나만 잘되면 그만일까?

가게 주방에 있다 보면 종종 전기 제품 애프터서비스 업체 직원들이 불쑥 들어와, 업소용 냉장고에 광고 스티커를 붙여도 되느냐고 묻는다. 사실 불쾌하지만 전기 제품이 고장 났을 때 필요할 것 같아 붙이라고 승낙하면 꼭 이미 붙어 있는 다른 업체 스티커를 덮어서 붙인다. 그러면 다음 번에는 가려서 안 보이게 된 업체 직원들이 와서 경쟁이라도 하듯 똑같이 그 위에다 스티커를 붙이고 간다.

주방 냉장고만이 아니다. 건물의 방화문 손잡이에도 자세히 보면 열쇠 가게 스티커가 붙어 있는데, 경쟁 업체끼리 붙이고 붙여서 두껍게 스티커가 올라와 있다. 도대체 왜 이런 행동을 할까? 동종 업체 사람들이 서로 인정해주고 함께 상생하면 얼마나 좋을까?

지금으로부터 25년쯤 전의 일이다. 친한 친구가 마트 사업을 하다가 실패하고, 서울 난곡동 달동네 입구의 무허가 건물에 옛날식 시장 통닭집을 열었다. 당시에 간판과 인테리어 사업을 하던 나는 개업 선물로 입간판을 만들어 화물차에 싣고 친구 가게로 향했다. 차 한 대가 간신히 지나가는 비좁은 길을 올라가면서 '이런 곳에서 과연 장사가 될까?' 하고 걱정이 되었다.

한 달 뒤, 궁금해서 전화를 걸었더니 친구가 손님이 많아서 주문이 밀려 있다며 나중에 통화하자고 했다. 당연히 장사가 안 될 줄로 예상했던 나는 그 얘기를 듣고 깜짝 놀랐다. 도대체 무슨 일이 벌어졌는지 눈으로 확인하고 싶어서 다음 날 오르막길을 걸어 올라갔더니 정말 손님들이 길게 줄을 서서 기다리고 있었다.

친구는 연신 닭을 튀기느라 정신이 없었고, 친구의 아내는 종이 봉투에 닭을 담고 돈을 계산하느라 분주했다. 말 그대로 대박이었다. 조금 한가해졌을 때 친구에게 어떻게 이렇게 된 건지 물었다.

친구는 처음에는 큰 기대 없이 먹고살기 위해 시작했다고 했다. 무허가 건물인 줄은 알지만 가진 돈으로 얻을 수 있는 공간이 그곳뿐이어서 계약했고, 우연히 벼룩시장에서 냉장 닭을 매달 일정 금액만큼 구입하면 염지하고 튀기는 법을 공짜로 가르쳐준다는 글을 접하고는 그길로 통닭 만드는 법을 배워 장사를 시작하게 되었다고 했다.

장사를 시작하고 보니, 달동네라서 주민 수가 많고 동네로 들어가려면 친구네 가게를 거쳐서 가게끔 되어 있어서 자연스레 손님이 많아졌다고 했다. 그리고 당시에 프랜차이즈 치킨은 한 마리에 만 원이었는데, 친구가 파는 닭은 조금 작지만 두 마리에 8,000원이어서 많은 주민들, 특히 늦은 시각에 귀가하는 일용직 노동자들이 닭을 자주 사 갔던 것이다. 그래서 나는 현금 장사라 더 좋다고 활짝 웃던 친구 부부에게 그동안 고생했는데 이제 돈 벌 일만 남았다면서 축하해주었다.

그로부터 한 달 뒤, 사무실에 있는데 친구가 찾아왔다. 의아한 마음에 쉬는 날이냐고 물어보았더니 친구가 한숨을 쉬며 그만두었다고 말했다. 너무 놀라서 왜 그렇게 되었냐고 물었다. 그랬더니 친구의 가게가 잘되니 손님을 빼앗긴 다른 치킨 가게들이 합심해 무허가 건물이라고 구청에 계속 민원을 넣었다고 했다. 거기에다 동네 호프집 사장들도 가세해 가게 유리창을 깨고 쓰레기를 투척하고 갔다.

날마다 이어지는 해코지에 마음 고생이 심했는데, 설상가상 구청에서 계고장(행정상의 의무 이행을 재촉하는 문서)이 날아왔다. 무허가 건물이므로 기간 내에 원상복구와 영업을 금지한다는 내용이었다. 그 상황에서 더는 장사를 할 수 없어서 그만두게 되었던 것이다.

어느 업종이나 경쟁 업체들은 서로 민원을 넣는다는 얘기를 들어왔지만 그 정도인 줄은 상상도 못했다. 그때 장사가 나만 잘한다고 되는 것이 아님을 깨달았다. 모처럼 밝게 피었던 친구의 얼굴이 다시금 어두워져, 그 모습을 보는 나도 무척 안타까웠다.

너도 나도 잘되는 상생이 답이다

다른 모든 사업처럼 음식 장사도 경쟁과 견제가 치열하다. 나도 2012년에 가산동에 2호점을 열었을 때 기대처럼 장사가 잘되지 않아서 매출 만회를 위한 이벤트를 해보려고 시도한 적이 있었다. 하지만 옆 가게들이 견제하면서 무조건 반대하는 바람에 계획이 물거품되고 말았다. 그 뒤 아무것도 제대로 해보지도 못한 채 결국 폐업을 하게 되었다.

건물 2층에 자리한 지금 가게를 운영하면서 건물 입구 쪽 입간판 자리를 놓고 위층 음식점 사장과 얼굴 붉히며 언쟁을 벌이기도 했다. 보통 사람들은 별것 아니라고 여기겠지만, 사업을 하는 입장에서는 입간판의 위치 같은 사소한 것도 예민한 문제가 될 수 있다.

이처럼 요새는 한동네에서 같은 음식 장사를 하는 사람들이라 해도 서로의 처지를 헤아려주고 돕기보다는, 견제하거나 아예 무관심하다. 열심히 해도 마진이 얼마 안 남고, 경쟁은 갈수록 심해지고, 그에 따라 스트레스가 심하기 때문일 것이다. 한마디로 먹을 파이는 작아지는데 나눠 먹을 사람은 점점 많아지는 형국이랄까?

내가 만두 가게를 처음 열었을 때만 해도 주변 이웃 가게들과 사이가 참 좋았다. 우리 가게가 있는 층에는 음식점 네 곳이 있었는데 한 달에 한 번 음식점 사장님들과 모임을 가졌다. 각자 가게에서 제일 맛있는 메뉴를 가져와 함께 먹었다. 우리는 만두 전골을, 돈가스 가게에서는 돈가스를, 중국집에서는 탕수육을, 호프집에서는 생맥주와 음료를 가져와 맛있게 먹으면서 서로 위로하고 격려해주었다.

이렇게 주변 가게와 정답게 지내는 건 장사에도 도움이 된다. 재료나 공깃밥이 갑자기 떨어졌을 때 다른 가게에서 빌릴 수도 있고, 유용한 정보를 공유할 수도 있다. 물론 가장 좋은 점은 마음을 기댈 데가 있다는 것이다. 많은 사람이 장사를 할수록 외부와 고립되어가는 기분이라는데, 가까이에서 장사하는 사람들끼리 친하게 지내면 더 이상 외로움이 사라진다. 마음이 편하면 당연히 장사도 잘할 수 있지 않을까?

그러니 이제는 용기를 내어 먼저 이웃 가게에 다가가자. 감정의 스티커를 붙이지 말고, 믹스커피라도 함께 나누며 이야기를 나눠보자. 같은 처지라 의외로 금방 친해질 수 있다.

몇 달 전에는 개업한 앞집 보쌈 가게 여사장님과 금세 친해졌다. 그 사장이 매일 직접 내린 커피를 우리에게 주는데, 처음에는 좀 부담스럽기도 했다. 하지만 이제는 음식을 나누어 먹는 친한 사이가 되었다. 이런 것이 사는 재미가 아닐까 싶다.

나와 내 가게만 잘되면 그만이라는 생각에서 벗어나, 이웃 가게들과 함께 잘되는 길로 나아가자. 그러면 좋은 기운이 돌아 모두가 잘될 수 있을 것이다.

나만의 전략으로
승부를 걸자

Routine

원래 다들 그렇게 해요

처음 식당하면서 직원들이나 거래처 사람들에게서 가장 많이 들었던 말이 "원래 다들 그렇게 해요"였다. 음식 장사 경험이 적었을 때에는 이런 말에 별다른 반론을 못했다. 심지어 '남들도 그렇게 하니까 나도 그러면 되겠구나' 하고 안일한 마음을 품기도 했다.

하지만 장사를 할수록 자기만의 소신이 꼭 필요하다는 사실을 깨달았다. 그래서 이제는 주위 사람들이 그런 얘기를 해도, 흔들리지 않으려고 노력한다. 예를 들어, 우리는 처음부터 만둣국에 만두 여덟 개를 넣었다. 그런데 함께 일하던 직원들이 다른 데는 이렇게 많이 안 준다며 6개로 줄이자고 했다. 만두 전골을 시키면 국수와 떡 사리, 볶음밥을 함께 주는 것에 대해서도, 손님들이 배가 불러서 추가 주문을 안 하니까 돈을 받고 사리와 볶음밥을 팔자고 했다.

한동안 손님이 적어서 그 말에 흔들리기도 했다. 하지만 나는 가게를 연 지 얼마 안 되었고 음식 맛에 대한 검증이 안 되었기에, 겸손한 자세로 손님들에게 다가가야 한다고 생각했다. 그래서 생각을 바꾸지 않고 그대로 밀고 나갔다. 지금 돌아보면 역시 옳았다는 생각이 든다.

이처럼 가게를 처음 열었을 때에는 더 많은 손님들에게 우리 가게의 음식을 알리는 것이 급선무다. 그러므로 손님들이 낯선 가게에 문을 열고 들어올 수 있도록 전략을 짜야 한다. 내가 제안하는 방법은 평균 가격보다 음식 값을 조금 적게 받고, 양은 좀 더 많이 주는 것이다. 음식이 맛있는데 싸고 양도 많다면 자연스레 입소문이 나게 된다. 또 좋은 방법은 일정 기간 동안 할인 행사를 하는 것인데, 10~20퍼센트가 아닌 30~50퍼센트 정도로 할인해주면 확실히 싼 느낌이 나서 손님들이 많이 찾아오게 된다.

물론 이렇게 하면 직원들이 반대할 것이고 주변 가게들의 눈총도 따가울 것이다. 그리고 사장의 마음도 때로는 불편할 것이다. 손익 계산을 할 수밖에 없기 때문이다. 그러나 이왕 시작했다면 절대 겉으로 불편한 내색을 해서는 안 된다. 할인 행사는 우리 가게를 널리 알리기 위한 것이다. 당장에는 손해보는 것 같지만 멀리 보면 분명 이득이 된다.

이러한 행사를 할 때 또 명심할 점은 사장의 결정으로 직원들에게 피해를 주면 안 된다는 것이다. 손님이 많은 시간대에는 아르바이트생을 추가로 두거나, 일이 늘어난 만큼 직원들에게 인센티브를 챙겨 줘서 불만이 생기지 않도록 해야 한다.

이 모든 사항에 대한 결정은 사장의 몫이다. 메뉴를 어떻게 구성할지, 음식 값은 얼마로 할지, 어떤 홍보 전략을 펼칠지, 할인 행사 같은 것을 한다면 어느 만큼을 할인해주고 언제까지 할지, 모든 걸 사장이 결정해야 한다. 혼자서 결정하고 그에 따른 책임까지 지는 일이 때로는 버겁지만, 사장이니까 해야 한다.

차별화된 전략으로 고객에게 감동을

음식점 사장으로 산다는 건 폼 나는 삶이 아니다. 사장은 가게의 빈 자리를 메꾸는 사람이고, 모든 일을 하는 심부름꾼이다. 사장으로서 정체성이 드러나는 건 가게와 관련된 일을 결정할 때와 직원들 월급을 줄 때뿐이다. 그렇다 보니 가게의 규모가 크든 작든, 모든 사장은 외롭다.

중소기업을 경영하는 한 친구는 월급날만 되면 11층 사무실에서 뛰어 내리고픈 충동을 느낀다고 한다. 나도 그 말에 100퍼센트 공감한다. 가산동 오피스 상권에서 2호점을 운영할 때에는 영업 부진으로 직원 5명에게 월급을 줄 돈이 없어서, 비싼 이자의 현금서비스를 받기도 했다.

영어로 달력을 '캘린더(calendar)'라고 한다. 라틴어 '칼렌다리움(calendarium)'에서 유래했는데 '회계 장부'라는 뜻을 지니고 있다. 고대 로마에선 채무자가 매달 첫날 채권자의 회계 장부를 확인하고 이자를 갚았다고 한다. 갚아야 할 이자가 많은 사람은 회계 장부를 넘길 때마다 얼마나 무서웠을까? 채무자가 되어보았던 사람이라면 그 심정을 이해할 것이다.

우리 자영업자들도 자재비를 결산해주는 월말이 싫고, 다달이 돌아오는 월급날이 무섭다. 세금을 내야 하는 달에는 번 것보다 더 많은 돈을 내는 것 같아 속상하기도 하다. 가게가 망하면, 직원은 손해를 보지는 않지만 사장은 투자한 것이 있기 때문에 손실이 크다.

그러므로 현실을 냉정히 보고 어려움을 이겨나가야 한다. '다들 그렇게 해요'라는 말에 넘어가지 않고 매너리즘에 빠지지 않으려면, 끊임없이 남과는 다른 전략을 시도해야 한다.

20년간 음식 장사를 해온 경험에 비추어보았을 때, 다른 가게와 차별화하는 좋은 방법은 두 가지가 있다. 돈과 시간으로 차별화하는 것이다. 돈으로 차별화하는 방법은 앞서 얘기했듯이 다른 가게보다 음식 값을 천 원 정도 적게 받는 것이다. 다른 곳의 음식에 입맛이 길들여진 손님을 내 손님으로 만들려면 겸손함이 필요하다. 시간으로 차별화하는 방법은 다른 가게보다 1시간 먼저 시작하고 1시간 늦게 마무리하는 것이다. 조금 고되겠지만 이렇게 하면 좀 더 많은 손님이 찾아올 수 있다.

모든 시도에는 두려움이 따른다. 하지만 실패를 무서워하면 성공할 수 없다. 그리고 지금까지 장사하면서, 손님이 안 와서 망한 가게는 봤어도 너무 싼 값에 많이 퍼줘서 망한 가게는 못 봤다. 힘든 시기일수록 나만의 방식으로 성공 비법을 찾아 이겨 나가자.

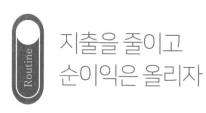

지출을 줄이고 순이익은 올리자

왜 예전처럼 돈을 못 모을까?

20년간 자영업을 해왔지만 요즘 들어서 돈 모으는 일이 더욱 힘들다는 생각이 든다. 그 이유를 다른 자영업자들에게 물어보면 뭐라고 대답할까?

아마도 '가게 임대료가 비싸서', '최저임금 인상으로 인건비가 많이 올라서', '식자재비가 몇 년 사이 엄청 올라서', '카드 수수료가 많이 나가서' 등의 답을 내놓을 것이다. 그런데 정말 그럴까? 군 제대 후 35년간 소상공인으로 살아온 사람으로서 볼 때 반은 맞고 반은 틀린 것 같다.

만두 가게를 개업하고 첫 3년간 죽어라 일했더니 통장에 1억 원이라는 돈이 모였다. 1억 원! 나뿐만이 아니라 당시에는 장사하는 사람들이 돈을 꽤 많이 모았다. 그 시절에 거래하던 은행의 직원은 의사 같은 전문직 종사자들보다 시장 상인이나 나 같은 맛집 사장들이 돈을 많이 저금한다고 했다. 실제로 새마을금고 같은 은행에서는 직원들이 바쁜 자영업자를 위해 매일 아침 직접 사업장에 방문해 입금을 도와주기도 했다.

자영업자들은 어떻게 돈을 많이 모을 수 있었을까? 한마디로 돈을 쓸 시간이 없었기 때문일 것이다. 당시에는 주식이나 부동산 투자 정보를 얻기가 어려웠고, 인터넷 뱅킹도 잘하지 않아서 돈이 생기면 족족 은행에 찾아가서 예금을 했다. 일하느라 쓸 시간도 없고 모으기만 하니, 당연히 돈이 모일 수밖에 없었다.

반면에 의사나 변호사 같은 전문직 종사자들은 비교적 여유 시간이 있기에 이런저런 곳에 다니며 투자도 하고, 품위 유지를 위해 돈을 썼을 테고, 그러다 보니 상대적으로 모은 돈이 적었을 것이다. 그렇다면 지금은 왜 자영업자들이 돈 모으기가 힘들어진 걸까? 나는 그 이유가 과소비에 있다고 본다.

처음 만두 가게를 시작했을 무렵, 홈쇼핑으로 새우 튀김을 주문한 적이 있다. 주문 전화를 걸고 여러 날 기다린 끝에 택배가 도착해, 식구들과 맛있게 튀김을 먹었던 기억이 난다. 그때는 홈쇼핑이나 온라인으로 물건을 주문하면 오래 기다려야 했다. 대부분 마트나 시장에 직접 가서 필요한 걸 구입했는데, 그래서 과소비가 적었다.

하지만 이제는 소비가 편리한 시대다. 스마트폰 앱으로 오늘 주문하면 물건이 다음 날 새벽에 도착한다. 그것도 바로 집 앞에 말이다. 요새는 결제 수단도 다양하고 편리해져 스마트폰만 가지고도 값을 치를 수 있다. 그래서 자칫 쓸데없는 데 돈을 쓰기가 쉽다.

최근에는 월정액으로 이용하는 서비스들이 많아져서 지출이 더 늘었다. 나만 해도 '멜론'으로 음악을 듣고 '넷플릭스'에서 영화를 보고 '윌라'에서 오디오북을 즐기고 '퍼블리'에서 트렌드를 배운다. 그러느라 매달 10만 원 이상이 고정으로 빠져나간다. 아마 많은 사람이 나와 비슷할 것이다.

그러니 돈을 모으려면 소비를 줄여야 한다. 날마다 모든 지출 내역을 쓰고, 그 외에는 지출하지 않도록 노력하자. 당장에는 별다를 게 없어 보이겠지만 꾸준히 의식하면서 작은 지출부터 줄여가면 3개월 후부터는 뚜렷한 변화가 나타날 것이다.

우리 가게의 경우에는 사장인 내가 개인적으로 쓰는 통장과 가게에서 쓰는 통장을 따로 두어, 가게의 지출 내역을 투명하게 관리한다. 그리고 작업의 효율성을 높여서 인건비를 크게 줄일 수 있었다. 한때 직원 3명을 둔 적도 있었지만, 이제 점심 때 알바 1명을 쓰는 정도로 충분하게 되었다. 이렇게 줄일 건 줄이고 스스로에게 조금만 더 엄격해지면 지출을 줄이고 수입을 늘일 수 있다.

매출이 아닌 순이익을 올려야 한다

얼마 전 시내 대형 서점에 갔다. 경제경영서와 자기계발서를 살펴보는데 'ㅇㅇㅇ투자로 월 1,000만 원 벌기', '소자본 투자로 월 5,000만 원 매출 올리기' 등 수입과 매출에 관한 책들이 유난히 눈에 띄었다.

대개 장사를 처음 하는 사람들은 월 매출을 기준으로 목표를 정한다. 그리고 누군가가 한 달에 매출 얼마를 올렸다고 하면 그 사람은 부러움의 대상이 된다. 가끔 우리 가게에 오는 단골 중에도 월 매출을 물어보는 사람이 있다. 그런 질문을 받으면 난감하다. 가게 운영에서 매출은 참 중요하지만, 장사를 오래 할수록 매출액은 허수에 불과함을 깨닫는다. 그렇다면 매출보다 중요한 건 무엇일까? 바로 모든 지출을 빼고 내가 온전히 가져갈 수 있는 순수 마진이다.

얼마 전 지인에게서 한 돼지갈비 가게에 대한 이야기를 들었다. 2층 건물을 임대해 운영하는데, 고기가 맛있고 양도 많은 데다 반찬도 다양하고 푸짐해 손님이 많다고 했다. 이름난 맛집이어서 큰돈을 번 줄 알았는데, 나중에 들으니 마진율이 10퍼센트도 안 되더라는 얘기를 했다.

많이 팔아봐야 얼마 남기지도 못하는데, 그 가게 사장은 왜 계속 장사를 하는 걸까? 정확한 속내는 모르지만, 그대로 현상 유지하다가 권리금을 많이 받고 가게를 넘길 생각이 아닐까 추측

한다.

실속 있는 장사를 하려면 마진율을 올려야 한다. 가게 환경과 메뉴에 따라 조금 차이는 있겠지만, 나는 적정 마진율을 25퍼센트 정도로 보고 있다. 그 정도는 순이익을 보아야 웃으면서 친절하게 장사를 할 수 있다.

마진율을 올리려면 앞서 얘기했듯이 불필요한 지출을 줄이고, 매출을 최대한 끌어올려야 한다. 그 방법은 다양하다. 배달 앱에서 경쟁 업체의 메뉴 가운데 잘나가는 것을 살펴보고 메뉴를 업그레이드한다든가, 간편한 밀키트 제품을 개발해 판매한다든가 하는 방식으로 매출을 올릴 수 있다. 우리 가게의 경우에는 만두 전골에 샤브샤브 고기를 추가한 소고기 만두 전골을 신메뉴로 내놓았고, 그 결과 전체 매출이 10퍼센트 이상 상승되었다.

날마다 지출 내역을 관리하고, 마진율을 유지하는 일은 결코 만만치 않다. 하지만 오랫동안 가게를 내실 있게 키워가려면, 사장이 성실하게 솔선수범하며 노력하는 수밖에 없다는 걸 명심하자.

컴플레인에
지혜롭게 대처하자

재빠른 사과와 대처만이 답이다

장사를 하다가 가장 당황스러울 때가 바로 손님이 컴플레인을
제기할 때다. 제일 대표적인 예가 음식에서 머리카락 같은 이물
질이 나오는 경우다. 우리도 가끔 그런 일을 겪는다. 주방에 들
어가기 전, 아무리 옷을 털고 앞치마를 입고 주방모를 쓰며 신경
을 써도 이런 일은 발생한다.

자주 오는 단골들은 괜찮다고 너그럽게 이해해주지만 미안함
은 가시지를 않는다. 맛있게 식사하러 왔다가 이런 상황을 마주
하면 누구라도 기분이 언짢고 입맛도 떨어지게 될 것이다.

사장은 이럴 때 정말 잘 대처해야 한다. 일단 그 상황이 발생
한 것에 대해 빠르게 사과해야 한다. 그리고 얼른 음식을 새로

바꿔줘야 한다. 이때 주의할 점은 음식이 나오는 속도가 너무 빠르면, 이물질만 제거하고 똑같은 음식을 도로 내온다는 오해를 받을 수 있다는 것이다. 그러니 신속하게 조리하되, 처음 것보다 더욱 정성을 담아야 한다. 만약 손님이 그냥 먹겠다고 하면, 사이드 메뉴를 서비스로 제공하거나 이물질이 나온 음식 값은 빼고 돈을 받아야 한다.

이렇게 진심으로 사과하고 대처하면 손님들은 대부분 이해하고 넘어간다. 그런데 간혹 불필요한 논쟁을 벌이며 일을 되려 키우는 사장들이 있다. 이물질을 주방에 가져가 한참 동안 직원들과 잘잘못을 따진다든지, 입으로는 사과를 하지만 표정과 행동에서는 전혀 미안함이 나타나지 않는다든지 하는 식으로, 오히려 손님들의 화만 돋우는 것이다.

물론 억울한 경우도 있다. 손님이 먹다가 자기도 모르게 머리카락을 음식에 빠뜨리거나, 에어컨이나 선풍기 바람에 옆 손님 머리카락이 날아와 음식에 들어가기도 한다. 그러나 정확하게 원인을 가릴 수 없다면, 손님과 시시비비를 가릴 게 아니라 깍듯이 사과를 하고 알맞게 대처하는 편이 지혜롭다.

이물질 다음으로 빈번하게 제기되는 컴플레인은 순서에 대한 불만이다. 때때로 먼저 주문했는데 왜 늦게 온 손님에게 먼저 음식을 내주느냐는 항의를 듣는다. 음식 장사를 할 때에는 주문 순서에 따라서 음식을 잘 내와야 한다. 다들 시장한 상태로 가게에 오기에 순서에 예민할 수 있다.

하지만 불가피하게 순서가 바뀌는 경우도 생긴다. 우리 가게의 경우에는 주문 후 10분 안에 대부분 음식을 낸다. 하지만 만두 전골은 손님이 직접 끓여서 드시기에 만둣국보다 먼저 나갈 수 있다. 이런 경우에는 만둣국을 시킨 손님에게 가급적 먼저 다가가서 상황을 설명하는 것이 좋다. 그러면 대부분은 이해하고 기다린다. 손님의 컴플레인에 사장이 어떤 식으로 대처하느냐에 따라, 그 가게에 대한 인상이 정해진다. 그러므로 오랫동안 순조롭게 장사하려면 모든 손님에게 친절히, 예의를 갖추어 대해야 한다.

공감, 사과, 대처로 원만히 해결하자

음식을 파는 일이다 보니, 맛에 대한 지적도 자주 듣는다. 똑같은 겉절이 김치를 내도, 조금 짜다는 손님도 있고 싱겁다는 손님도 있다. 장사를 처음 할 때에는 내 음식에 대한 자부심이 넘쳐서, 그런 지적에 목소리를 높여서 항변하곤 했다. 하지만 이내 그런 행동이 가게에 전혀 보탬이 안된다는 사실을 깨달았다. 그래서 손님이 무슨 얘기를 하든 우선 최대한 진심으로 경청하고 공감하려고 노력한다.

짜다는 분에게는 "아, 그러세요. 음식이 좀 짰군요. 다음부터 더욱 신경쓰겠습니다" 하고 싱겁다는 분에게도 역시 "싱거우셨군요. 나중에 오시면 정확하게 간을 맞춰드릴게요" 하고 대응한다.

사장도 인간이기에 손님의 컴플레인에 친절히 대응하는 일이 힘겨울 때도 있다. 하지만 잘 안되더라도 적절한 방법을 꾸준히 연습해 익혀야 한다. 고객이 컴플레인을 제기하면, 이 순서를 기억하자. 먼저, 고객의 불편 사항을 바로 받아서 공감한다. 그런 뒤에 빠르게 사과하고 알맞게 대처한다. 진심이 담긴 공감과 사과, 대처가 신속하게 이뤄지면 대부분 문제는 원만하게 해결된다. 손님이 항의할 때에 진정으로 바라는 것은 사장의 해명이 아니라, 공감과 해결이다. 나도 이 사실을 요즘에야 깨닫고 노력 중이다.

가산동에서 2호점을 운영할 때 겪은 황당한 일이 기억난다. 점심시간에 젊은 남자 직장인 2명이 함께 식사하고 있었다. 그런데 그중 1명이 벌떡 일어나더니 국물이 너무 짜서 못 먹겠다며 수저를 내팽개치고서는 나가버렸다. 나는 정말 국물이 짜서 그런 줄 알고 미안해서 어쩔 줄 몰랐다. 그런데 식사를 마친 다른 1명이 계산하면서 이렇게 말했다.

"사장님, 이해하세요. 저 친구가 업무 때문에 상사한테 야단 맞아서 저래요."

그 소리에 너무 억울하고 화가 나서 쫓아가 따지고 싶은 걸 겨우 참았다. 이처럼 장사하다 보면 별의별 손님을 다 만난다. 분노가 치솟을 때도 있지만 어쩌랴. 손님과 싸우면 가게만 타격을 입을 뿐이다. 그저 마음을 다스리며 늘 최선을 다해 친절함을 유지하는 수밖에 없다.

식당을 오래 하다 보니 팔아준다는 이유만으로 상대를 낮추고 자신을 높이려는 사람들을 마주하게 된다. 무턱대고 반말로 말하고, 상처 주는 말을 서슴없이 내뱉는 사람들을 보면, '말이 입힌 상처는 칼이 입힌 상처보다 깊다'는 모로코 속담이 떠오른다.

손님이 함부로 대하면 온종일 자존심도 상하고 왜 이런 수모를 당하는지 자괴감이 든다. 그래서 손님들에게 이런 부탁을 하고 싶다. 자신을 위해 음식을 요리해주는 사람들에게 고마움을 가지고, 좀 더 존중하며 배려해주기를 말이다. 자신의 품격은 남이 아니라, 스스로 높이는 것임을 잊지 말자.

서로 호흡을 맞추고 도와가며 일하자

호흡을 잘 맞춰야 효율이 올라간다

여러 사람이 힘을 모아 한 사람을 공중에 던져올렸다 받았다 하는 일을 '헹가래'라고 한다. 보통 스포츠 경기의 우승이나 졸업 같은 특별한 일을 축하할 때 한다. 그런데 헹가래는 어디서 온 말일까? 일설에 따르면, 농사할 때 주로 하는 가래질에서 비롯된 말이라고 한다. 가래질을 하기 전에 빈 가래로 연습해보는 걸 헛가래질이라 하는데 바로 여기서 '헹가래'가 비롯됐다는 것이다.

가래는 흙을 파헤치거나 떠서 던지는 농기구로, 삽과 비슷하게 생겼다. 다른 점은 흙을 뜨는 쇠날의 양쪽에 구멍이 뚫려 있고 거기에 긴 줄이 연결되어 있다는 것이다. 가래질을 하는 방법은 이렇다. 먼저 자루를 잡은 사람이 흙을 떠서 앞으로 밀면, 양쪽에서 줄을 잡은 사람들이 줄을 당기면서 함께 흙을 던진다.

가래질은 호흡이 맞아야 하기에, 헛가래질이라고 부르는 예행 연습을 반드시 거친다. 작업하는 사람들이 속도와 방향, 호흡이 맞지 않으면 고생하게 되기 때문이다. 가래질에서 볼 수 있듯, 함께 일하는 사람들끼리는 호흡이 아주 중요하다. 호흡이 맞지 않으면 직원 수가 많아도 일이 제대로 되지 않는다. 반면에 호흡이 잘 맞으면 소수 인원으로도 일이 척척 진행된다.

우리 가게에는 테이블 10개가 있다. 점심에 손님이 많을 때에는 모든 테이블에 손님이 네 차례나 바뀌기도 한다. 이렇게 4회전을 하려면 정말 바쁘다. 주문에서부터 음식 준비와 서빙, 추가 반찬 챙기는 일과 계산, 치우고 설거지하는 것까지 정말 눈코 뜰 새 없이 바쁘다. 점심에 홀과 포장 주문을 다 감당한 뒤에도 끝이 아니다. 브레이크 타임에 만두 1,000개를 빚어놔야 저녁 장사를 할 수 있다.

이 많은 일을 우리는 점심에 3명, 저녁에 2명으로 거뜬히 해낸다. 보통은 나와 아내가 일하고, 점심에 바쁠 때에만 아르바이트 아주머니가 일을 거든다. 우리는 6년 이상 호흡을 맞춘 사이다. 그래서 말하지 않아도 각자 할 일을 알아서 척척 해낸다. 게다가 셋 다 멀티플레이어여서 서로의 빈틈을 잘 챙겨준다. 그러다 보니 일의 흐름이 매끄럽게 연결되어, 힘들지 않게 많은 손님을 맞이할 수 있다.

서로 격려하고 돕는 기러기 리더십

그런데 이렇게 호흡이 맞으려면, 가래 자루를 잡은 사람이 양쪽 끈을 잡은 사람들을 리드해야만 한다.

혹시 수박이나 연탄 같은 걸 나르는 모습을 본 적이 있는가? 트럭에 서서 던지는 사람이 있고, 그걸 받아서 전달하는 사람이 있다. 어릴 적에는 받는 사람이 더 중요하겠다고 생각했지만, 철 들고 보니 던지는 사람이 잘해야 받는 사람이 수월하다는 사실을 깨달았다.

음식점도 마찬가지다. 가게의 자루를 잡은 사장이 함께 일하는 직원들을 티 안 나게 챙겨줘야 한다. 놓친 부분이 있으면 채워주고, 지쳐서 힘들어하면 쉬도록 배려하고 그 역할을 대신 감당해주는 식으로 말이다. 하지만 사장도 인간이기에 지칠 때가 온다. 그럴 때에는 직원들이 사장을 배려해 일들을 맡아주어야 한다.

힘이 들 때 서로 도와가면서 일하는 모습을 보면, 기러기 무리가 떠오른다. 기러기 무리는 추워지면 따뜻한 곳을 찾아서 몇 만 킬로미터를 날아간다. 리더 기러기가 앞장서고 다른 기러기들이 뒤따라 V자 모양으로 날아간다. 그러다 선두 기러기가 지치면 뒤로 물러나고, 뒤에 있던 기러기가 앞장선다. 이런 식으로 계속 선두를 교대로 맡으면서 그 먼 거리를 날아간다.

그러다 지쳐서 낙오되는 기러기가 있으면 경험 많은 기러기한 마리가 일부러 떨어져나와, 지친 기러기가 회복될 때까지 기다려준다. 그리고 그 기러기가 기운을 차리면, 같이 출발해 원래 무리를 쫓아가든가 다른 기러기 무리에 합류해 목적지까지 날아간다.

이처럼 우리도 서로 돕고 격려하면서 목적지까지 함께 나아간다면 얼마나 좋을까? 나는 그러한 아름다운 동행을 꿈꾸면서 오늘도 묵묵히 일한다. 내 자리에서, 때로는 지친 다른 이의 몫도 감당하면서, 늘 꿈꾸던 '편안한 가게'를 만들기 위해 한 걸음씩 나아간다.

여보, 고생만 시켜서 미안해

바쁜 점심 장사가 끝나갈 때쯤 우리 부부는 습관처럼 만두소가 들어 있는 통과 만두피, 만두 담을 쟁반을 탁자에 올려놓고 만두를 빚는다. 우리는 하루에 세 번 만두를 빚는다. 아침 장사 전에, 점심 장사 후에, 저녁 장사 마무리 후에 빚는데 겨울 성수기에는 평균 하루 2,000개 여름 비수기에는 1,000개를 빚는다. 총 56개인 한 판을 빚는 데 걸리는 시간은 10분. 마주 앉아서 만두를 빚는 우리가 정다워 보이는지 손님들이 나가면서 이런 말을 건네곤 한다.

"두 분은 사이가 좋아서, 한 번도 안 싸우실 것 같아요."

그러면 우리는 겸연쩍은 표정으로 웃을 뿐이다. 사실 부딪칠 때도 많이 있기 때문이다. 전쟁터와 같은 음식점에서 함께 손발 맞추어 일하면서 시시때때로 부딪친다. 피차 마음이 상한 때에는 말 한마디 없이 만두를 빚어서 평소보다 속도가 빨라지는 웃지 못할 상황이 벌어지기도 한다. 백조가 우아해 보이지만 물속에 잠긴 물갈퀴로 쉴 새 없이 헤엄치고 있듯이, 평온한 듯 보이는 우리 가게도 갖가지 일들을 처리하느라 속으로는 전쟁을 치루고 있다. 처음 장사를 시작하고 우리는 바로 후회했다. 생각했던 만큼 손님이 안 오는 데다가 가끔 손님이 몰려오면 과부하가 걸려서 우왕좌왕하기 일쑤였기 때문이다. 날마다 가게 일이 너무 힘들어서 아내의 속마음은 전혀 헤아려주지 못했다.

그러던 어느 날이었다. 장사를 마무리한 뒤, 배가 고파서 아내가 좋아하는 부대찌개를 먹으러 갔다. 세 식구가 늦은 식사를 하는데, 옆 테이블에 앉은 30대 초반 남자 둘이 술에 취해 소란을 피웠다. 그중 1명이 서빙하는 60대 아주머니에게 자꾸 큰소리로 반말을 했다. 그 모습을 보면서 참다 못해 내가 그만하라고 소리를 쳤고 금세 시비가 붙었다. 그 남자와 함께 있던 친구가 싸움을 말리는데, 갑자기 평소 싸움과는 영 거리가 먼 내 아내가 그만하라면서 버럭 소리를 질렀다. 엄마가 내지른 소리에 놀란 딸이 울었다. 예의 없이 굴던 남자는 아내의 반응과 딸의 울음소리에 놀랐는지 도망치듯 계산하고 나갔다. 그 남자도 놀랐겠지만 실은 아내의 그런 모습을 처음 보는 내가 더 놀랐다. 식사를 끝내고 계산을 하는데, 사장이 고맙다고 인사했다. 사실 서빙하는 아주머니가 친누나라고, 아까는 일이 커질까 봐 대응하지 못했는데 도와줘서 고맙다고 하면서 주방에서 햄 하나를 가져와 감사의 표시라며 건넸다. 밖으로 나와서 내가 아내에게 왜 그렇게 화를 냈냐고 물었다. 그랬더니 아내는 아주머니에게 동병상련을 느껴서 자기도 모르게 큰소리가 나왔다고 답했다. 손님이 함부로 대해도 어쩌지 못하는 그 모습에 자기 모습이 겹쳐 보였다고 했다. 아내의 얘길 듣고 아무 말도 할 수 없었다. 가장으로서 아내와 딸에게 고생만 시키는 것 같아 너무 미안했다.

무조건 당신 편이 되어줄게

아내는 항상 내 편이 되어주었다. 부도가 났을 때에도, 집을 팔아 빚을 갚고 가게를 처음 시작했을 때에도 언제나 내 편이었다. 가게를 열기 전에 아내는 내게 이렇게 말했다.

"당신이 도박이라도 해서 재산을 탕진해 무일푼 신세가 됐으면, 당연히 이혼도 생각하겠지. 하지만 당신이 가정을 위해 추운 현장에서 밤 늦게까지 열심히 일한 걸 누구보다 내가 잘 알잖아. 우리는 아직 젊으니까 분명 다시 일어설 수 있을 거야."

그 말에 그동안 마음 고생하며 참았던 눈물을 한꺼번에 쏟아냈다. 되돌아보면 아내는 평소에는 잔소리가 심하지만, 막상 큰일이 터지면 담대해지고 별 말 없이 내 편에 서서 함께해준다. 그런데 나는 어땠던가? 아내의 편이 되어준 적이 있었던가? 생각해보니 부끄럽고 후회되는 일들만 떠오른다.

가산동에 2호점을 열었을 때 그쪽에 신경 쓸 게 많아서 하안동 가게는 아내와 여직원들이 주로 운영했다. 한동안 아내가 가게 운영을 하면서 무슨 일을 겪고 있는지 몰랐다. 그러던 어느 날 밤늦게 대뜸 아내가 한강 고수부지에 가고 싶다고 했다. 그래서 같이 갔더니, 아내가 그간 못된 남자 손님들에게서 듣고 상처 받았던 말들을 강을 향해 따지듯이 소리치는 거였다. '지금까지 말도 못할 수모를 겪고 있었구나.' 그 순간 나는 얼음이 되었다. 그리고 이렇게 결심했다. 여태껏 아무리 힘들어도 아내가 내 편이 되어주었듯이, 나도 앞으로 무슨 일이 있더라도 아내 편에 서겠다고. 그 후로는 속상한 일이 있으면 퇴근 후 집에 와서 맥주 한 캔을 함께 마시면서, 아내의 이야기를 다 들어준다. 그날 만난 예의 없는 손님에 대해 흉을 보면 무조건 맞다고 동조하면서 아내 편을 들어준다.

만약 우리처럼 부부가 같이 일한다면, 퇴근 후 잠깐이라도 서로 이야기 나누고 공감해주는 시간을 갖기를 권한다. 주말 부부를 하는 사람은 전생에 나라를 구한 사람이라는데, 가게에서 집에서 온종일 나와 붙어 지내는 아내에게 요즘 부쩍 미안한 마음이 든다. "여보, 당신이 내 편이 되어주어서 여기까지 왔어. 나도 이제는 무조건 당신 편이 되어줄게. 고마워."

3장

동네 맛집으로
소문 나려면 이렇게

Routine

...

매일 만두 2,000알
매일 2번 새로 담긴 겉절이
매일 고명 김 300장

...

순수익을
높여야 한다

매출이 아니라 순수익이다

2021년 MBC 〈생방송 오늘 아침〉에서 출연 제의가 왔다. 사전 인터뷰를 하는데, 작가가 1년 매출이 어느 정도냐는 질문을 했다. 나는 대략 3억 원이라고 답했다. 그러면서 코로나19로 힘든 시기를 보내는 음식점 사장들에게 보탬이 되고자, 매출과 만둣국 비법까지 전부 공개하고 싶다고 말했다. 작가분은 알겠다고 답했고, 녹화 후로는 방송에 대해 별 신경을 쓰지 않았다.

마침내 방송이 나오는 날, 화면을 보니 내가 '3억 원 만두'의 주인공으로 소개되었다. 그 뒤 방송을 본 손님들은 '장사가 잘되는 줄은 알았지만 그 정도인 줄은 몰랐다'며 놀라움을 표시하기도 하고, 몇몇 친구도 3억 원이라는 숫자가 눈에 확 들어오더라면서 연락을 해왔다.

물론 건물 2층에 자리한, 실평수 17평에 테이블 10개를 두고 장사하는 가게치고는 매출이 꽤 괜찮은 편이다. 작은 가게를 우리 부부와 아르바이트 아주머니 1명이 운영하면서 이 정도 매출을 내는 가게는 아마 흔치 않을 것이다.

1년 365일 가운데 우리는 일요일과 명절 연휴, 여름 휴가에 쉬므로, 대략 300일 동안 영업한다. 300일 동안 3억 원을 버니까 하루 매출이 100만 원인 셈이다. 하루에 버는 돈 치고 많아 보이지만, 정말 중요한 건 순수익이다. 말 그대로 매출액에서 임대료, 재료비 등을 모두 빼고 내가 가져갈 수 있는 순수한 이익 말이다.

음식 장사를 하는 사람들은 매출 대비 순수익이 20퍼센트 정도 선이면 적당하다고들 생각한다. 그 선에 맞추어 우리 가게 순수익을 살펴보면, 3억 원의 20퍼센트면 6,000만 원이고 그걸 열두 달로 나누면 500만 원 정도가 된다. 세금을 빼면 실수령액이 450만 원이다. 일요일을 제외한 매일 새벽같이 출근해 밤 늦게까지 일하는 사람의 봉급으로 보면, 그리 많지 않은 액수다. 그런데 현실을 보면, 음식 장사로 순수익을 20퍼센트는커녕 10퍼센트도 못 가져가는 경우가 많다고 하니 참으로 안타까울 따름이다.

순수익을 올리는 나만의 비법

그러니 앞으로는 실속 있는 장사를 하자. 매출 말고 순수익을 높이는 방향으로 가게를 운영하자. 나는 지난 몇 년간 순수익율을 높이려고 나름의 노력을 기울였고, 그 결과 30퍼센트대로 올릴 수 있었다. 내가 경험하고 실천해 성공한 세 가지 방법을 요약해 전하고자 한다.

첫째, 주방 일은 사장이 해야 한다

나도 한때 주방에 실장을 두고 일한 적이 있다. 정말 열심히 하는 직원들도 많지만, 자기 기분 나쁘다고 수도 손잡이나 그릇을 일부러 파손하거나 식재료를 버리는 사람도 종종 있었다. 이런저런 경험을 해본 결과, 주방 일은 반드시 사장이 맡아야 확실하고 인건비도 줄일 수 있다는 결론에 이르게 되었다. 주인이 직접 거래처에 재료 주문을 하고 손질하고 요리하면 지출을 20퍼센트 정도 줄일 수 있다.

둘째, 동선과 메뉴를 최소화해서 인건비를 줄여야 한다

우리 가게도 비록 평수는 적지만 일이 많아서, 정직원 3명을 둔 적도 있다. 그런데 사람이 많아지니까 동선과 업무가 자꾸 겹치는 일이 발생했다. 그러다 보니 본의 아니게 서로 간섭하게 되고 다투기도 했다.

그래서 고민 끝에 구색을 맞추는 메뉴는 과감하게 정리하기로 했다. 메뉴가 단출해지니까 동선이 단순해지고 일의 효율이 높아져서 직원을 따로 둘 필요가 없게 되고 자연스레 인건비가 줄어들었다. 물론 이 모든 일을 관찰하고 방법을 연구하고 결정하는 것은 사장의 몫이다.

셋째, 누구에게나 자신 있는 음식과 그에 합당한 가격을 받아야 한다
장사를 하다 보면, 손님이 떨어질까 봐 염려되어 가격을 1,000원 올리는 데에도 많은 고민을 하게 된다. 하지만 음식이 독보적이면, 눈치 보지 않고 자신 있게 합당한 가격을 정할 수 있다. 내 생각에 음식이 독보적인 위치를 가지려면, 월등히 맛이 좋거나 아니면 빨리 나오거나 해야 하는 것 같다. 맛과 속도에서 승부를 보아야 하는 것이다.

우리는 손으로 직접 빚은 만두가 들어간 만두 전골과 만둣국이 주 메뉴다. 한때 프랜차이즈 만두 전골 가게가 많이 생겨서 바짝 긴장했었지만, 우리만의 기술과 노하우로 극복했다.

프랜차이즈 가게에서는 대개 인건비가 비싸고 직원들이 힘들고 번거로운 만두 빚는 일을 꺼리기 때문에 만두가 덜 들어가는 만두 전골만 판매한다. 하지만 나와 아내는 이제 만두 빚는 달인이 되어서, 만두 전골에도 만두를 푸짐하게 넣고, 만둣국도 판매할 수 있다.

음식을 준비하는 방식을 효율적으로 준비해 음식이 나가는 속도도 무척 빠른 편이다. 게다가 우리는 밀키트가 유행하기 전에 이미 비조리 즉석 만둣국을 포장, 배달로 많이 판매해왔다. 이처럼 꾸준한 노력으로 누구에게 내놓아도 부끄럽지 않은 나만의 음식을 만들고, 거기에 알맞은 가격을 받는 것이 중요하다.

여기에 한 가지를 덧붙인다면, 인테리어에 너무 많은 돈을 쏟아붓지 말라는 것이다. 대출까지 받아서 인테리어에 투자하는 사람들이 있는데, 제발 그러지 말라고 전하고 싶다. 순수익이 30~40퍼센트를 찍던 시절은 지나갔다. 앞서 말했지만, 지금은 냉정하게 매출에서 10퍼센트를 가져가기도 힘든 때다. 그러니 꼭 필요한 것 외에는 지출을 줄이고, 최대한 순수익을 늘리도록 노력하자. 그래야 바라던 삶을 살 수 있다.

동네 맛집이 되는 법

맛집이 되는 세 가지 방법

어느 날, 우리 가게에 처음 오는 손님들이 식사를 마친 뒤 '일 보러 왔다가 거래처 사람이 추천해서 와봤는데 정말 맛있게 잘 먹었다'며 인사를 했다. 나는 우리 가게를 소개해준 분이 누군지는 몰라도 참 고맙다고 생각했다.

그런데 며칠 후 그 사람이 가게로 왔다. 자기가 얼마 전에 손님들에게 가게를 추천해줬다기에, 내가 바로 알아보고 감사하다고 인사했더니, 음식을 맛있게 해주어서 도리어 자신이 감사하다고 인사를 전했다. 그 순간, 얼마나 뿌듯하던지. 장사하면서 이런 손님을 만나면 힘도 나고 보람도 느낀다.

그렇다면 동네 사람들에게 인정받는 맛집이 되려면 어떻게 해야 할까? 20년 동안 한자리에서 장사를 한 경험에 비추어 봤을 때, 대략 세 가지 방법을 실천해보면 좋을 듯싶다.

첫째, 음식 간을 정확하게 맞추어야 한다

유명한 맛집 떡과 일반 떡의 차이는 간에 있다. 맛집 떡은 간이 적당한데 일반 떡은 약간 싱겁거나 짠 경우가 많다. '간'이 사소해 보이지만, 음식에는 절대적으로 중요한 것이다. 그러니 음식 장사를 하려면 간을 제대로 보는 법부터 배워야 한다.

보통 염도계를 많이 사용하는데, 육수 같은 데에는 편리하게 쓸 수 있지만 만두소에는 사용할 수가 없다. 염도계로 정확히 측정할 수 없는 경우에는 사장이 최대한 노력하는 수밖에 없다.

나는 만두소가 다 만들어져서 간을 보기 전에는 음식을 일절 먹지 않는다. 새벽부터 재료들을 씻고 다지고 하다 보면 무척 시장해지지만 아무리 배고파도 간 보기 전에는, 커피조차도 마시지 않는다. 왜냐하면 자극적인 것을 먹으면 간을 제대로 볼 수 없기 때문이다. 오래 요리를 해온 사람들은 이 말에 공감할 것이다. 믿을 수 없다면 한번 실험해보시라. 커피나 다른 음식을 먹었을 때와 먹지 않은 빈속일 때 언제 간을 정확히 볼 수 있는지 말이다.

적지 않은 만두소의 간을 매번 일정하게 맞추는 일은 생각보다 쉽지 않다. 배추 크기, 날씨 같은 다양한 요인에 따라서 맛이 달라질 수 있기 때문이다. 날마다 간을 정확하게 맞추는 것이 자신 없는 가게들은 일부러 간을 약간 싱겁게 하고 손님들이 만두를 간장에 찍어 먹도록 한다. 하지만 나는 간장에 안 찍어도 간이 맞는 만두를 원했고, 노력 끝에 만들어냈다. 우리 가게 만두는 대다수 손님들 입맛에 간이 잘 맞을 뿐만 아니라, 식어도 맛이 있다.

둘째, 메뉴와 반찬이 서로 조화를 이루도록 해야 한다

유명한 설렁탕 집은 깍두기도 맛있다. 깍두기는 다른 음식이랑 먹을 때보다 유난히 설렁탕에 잘 어울리는 반찬인 것 같다.

어릴 적 아버지와 함께 서소문의 유명한 설렁탕 가게에 갔던 기억이 난다. '뽀이'라 불리던 하얀 유니폼을 입은 종업원들이 깍두기 국물이 든 주전자를 들고 다니면서 원하는 손님의 설렁탕 그릇에 부어주었다. 설렁탕의 구수함에 깍두기의 시큼함이 더해져 절묘한 조화를 이루던 그 맛이 지금도 잊히지 않는다.

이처럼 오랫동안 사랑받는 맛집이 되려면, 주메뉴와 반찬이 조화롭게 어울려야 한다. 음식점을 오래 할수록 반찬의 중요성을 깨닫는다. 처음 음식 장사에 도전하는 사람들은 주 메뉴에만 몰두할 때가 많다. 하지만 축구 경기에 이기려면 좋은 공격수뿐만 아니라 헌신적인 수비수들도 필요하듯이, 음식점도 잘되려면 메인 메뉴뿐 아니라 그 메뉴를 잘 받쳐주는 반찬이 필요하다.

또한 메뉴들끼리의 궁합도 중요하다. 2~3명이 왔을 때 여러 음식을 시켜서 함께 나눠 먹는 경우가 많은데, 이때 메뉴들끼리 합이 잘 맞으면 더욱 만족스런 식사를 하게 되고, 단골이 될 가능성이 높아진다. 우리 가게의 경우에는 여름 한정 메뉴로 비빔 막국수가 있다. 우리가 직접 만든 소스가 들어간 비빔 막국수는 만두 전골과 함께 먹었을 때 그 맛이 배가 된다. 이처럼 음식들이 서로 조화를 이루도록 구성해야 손님들의 입맛을 사로잡을 수 있다.

셋째, 사장 스스로 정성껏 음식을 만들어야 한다

사장만큼 온 정성을 기울여서 음식을 만들 수 있는 사람이 또 있을까? 나는 맛집이 되려면 사장이 직접 요리해야 한다고 생각한다. 요리 솜씨가 모자라면 열심히 익히고 배우면 된다. 정성을 들여서 한 음식과 그렇지 않은 음식은 분명 차이가 난다.

개업 첫날부터 지금까지 우리 부부는 날마다 1,000~2,000개의 만두를 빚는다. 만둣국에 고명으로 올리는 파래 김도 오후 브레이크 타임에 매일 세 톳씩 300장을 구워 일일이 손으로 부숴서 준비한다. 대부분 가게에서 사용하는 시중의 양념 김과는 맛과 향에서 큰 차이가 난다. 이처럼 사소한 것부터 큰 것까지 스스로 노력을 기울여야 차별점이 생기고, 동네의 맛집으로 자리 잡을 수 있다.

나무를 보지 말고 숲을 보자

맛집이 되기 위한 방법은 '간', '조화', '정성'으로 요약된다. 음식이 맛있으려면 간이 잘 맞아야 하고, 반찬이나 다른 메뉴와 조화를 이루어야 하며, 정성을 기울여야 한다는 것이다.

이러한 점을 긴 세월 동안 체득한 나는 오늘도 제대로 된 간을 위해 빈속으로 만두소를 준비하고, 만두를 손수 빚으며, 궁합이 잘 맞는 반찬과 메뉴를 열심히 개발하고 있다. 그 결과 소고기 만두 전골, 온 가족 즉석 만둣국 같은 새로운 메뉴가 탄생했고, 덕분에 손님들로부터 뜨거운 사랑을 받고 있다.

혹시 지금 창업 후 영업 부진으로 어려움을 겪고 있는가? 그렇다면 한 발자국 뒤로 가서, 나무를 보지 말고 숲을 보기를 권한다. 한 가지에 너무 몰입해서는 경쟁력을 갖추기가 어렵다. 음식, 반찬, 가게 분위기가 모두 조화를 이루어야 다시 찾아오고 싶은 가게가 된다.

만약 가게의 인테리어는 최고급인데, 주문한 음식은 기대에 맞지 않게 간도 안 맞고 반찬도 맛이 없다면, 그곳을 다시 찾고 싶은 마음이 생길까? 반대로 작고 평범한 분위기의 가게이지만, 음식이 바로 조리되어 생생한 맛에 간도 잘 맞고 반찬과의 궁합도 환상이라면 다른 사람에게도 꼭 소개해주고 싶은 맛집으로 머릿속에 새겨질 것이다.

나의 가게가 동네에서 제일가는 맛집이 되길 바라는가? 그렇다면 스스로 노력하고 정성을 기울여서 그런 맛집으로 만들어야 한다.

근거 없는 자신감을
멀리해야 한다

실속 없는 장사로 2억 원 손해 보다

이제부터 나의 실패담을 이야기하려고 한다. 잘 보고 판단해, 부디 나와 같은 잘못을 저지르는 사람이 없기를 바란다. 10년 넘게 장사한 사람들이 주의해야 할 점은 반복된 생활에 익숙해져 자꾸 편해지려는 생각을 한다는 것이다. 나도 그랬다. 광명시 하안동에서 10년 넘게 장사를 하다 보니, 동네 사람들뿐 아니라 멀리서도 손님들이 찾아왔다.

점심시간이면 직장인들이 와서 너무 맛있게 먹고 간다면서 자기네 회사 근처에 차리면 대박 날 거라는 얘기를 자주 했다. 그런 얘기를 처음에는 건성으로 들었다. 그러다가 하도 자주 듣다 보니, 나중에는 진지하게 받아들이게 되었다. 그리고 마침내

'동네에서 힘들게 일하느니, 오피스 상권에서 주 5일만 직장인 상대로 편하게 장사해보자'는 결론을 내렸다.

2012년 11월, 알맞은 가게를 알아보던 중 서울 가산디지털단지역 바로 옆 건물 지하 1층에 있는 가게를 보게 되었다. 당시에는 동태탕 전문 식당으로 운영되고 있었는데, 점심과 저녁에 확인해보니 장사가 잘 안 되는 상태였다. 그런데 내 안에서 근거 없는 자신감이 불쑥 솟아났다. 지금은 장사가 안 되지만, 경험 많은 내가 운영하면 잘될 거라는 이상한 자신감이었다.

거기에다가 우연히 점심시간에 에스컬레이터를 타고 식사하러 내려오는 인파를 본 것이 결정적인 계기였다. 우르르 내려오는 사람들 무리가 마치 내 가게의 잠재적 고객들로 보였다. 아내는 원숭이도 나무에서 떨어질 때가 있다면서 한번 더 생각하자고 했지만, 꿈에 부푼 내 귀에 들리지 않았다. 그래서 장사도 안 되는 그 가게에 권리금 1억 원을 주고 보증금 5,000만 원에 월세 350만 원의 조건으로 덜컥 계약을 하고 말았다. 처음 그 가게에 와서 확인한 지 일주일 만이었다. 자신감이 가득 차 있던 나는 가게를 두 군데 운영하면 수익도 2배가 되는 줄 알았다. 그러나 2호점을 3달 정도 운영한 뒤, 그 생각이 크나큰 착각임을 깨달았다.

1 더하기 1은 2가 아니라, 1도 될 수 있고 마이너스도 될 수 있음을 그제야 알았다. 하안동 본점은 아내와 직원 2명이서 운

영하기로 하고, 가산동 2호점은 평수가 넓어서 나와 직원 3명, 알바 1명이 운영하게 되었다. 그런데 시간이 갈수록 여러 가지 면에서 어려움이 나타났다.

첫째, 양쪽 가게 만두소를 만들어야 하니 체력적으로 힘들어졌다. 많은 양을 혼자서 수작업으로 준비하려니, 맛도 떨어졌다.

둘째, 직원이 많아지니 관리하는 일 또한 힘들어졌다. '가지 많은 나무에 바람 잘 날 없다'고 했던가? 가게에서 일하는 사람이 많아지니까 그 많은 인력을 관리하기도 엄청 까다로워졌다.

셋째, 지출은 늘고 수입은 줄어들었다. 가게가 두 곳이 되니 모든 면에서 지출이 늘어난 반면, 가산동 매장은 영업 부진으로 만성 적자 상태가 되어버렸다. 가산동 매장에서 생긴 손실을 하안동 매장의 수익으로 메우다 보니, 나중에는 양쪽이 어려워졌다.

말 그대로 총체적 난국이었다. 장사를 하면서 살펴보니, 처음부터 잘못 내린 판단이었다. 그 동네 직장인들은 점심은 구내식당 같은 데서 간단히 해결하고, 저녁에 스트레스를 풀러 술집을 찾는 경우가 많았다. 그런데 우리는 식사가 메인인 가게였으므로, 장사가 잘 안 될 수밖에 없었다.

또한 대부분 주 5일 근무를 하기에, 금요일 점심 장사가 끝나면 거의 손님이 없었다. 게다가 직장인 손님은 점심시간인 12시에서 1시 사이에 한꺼번에 몰려오는데, 대개 빨리 먹고 조금이라도 쉬었다가 업무에 복귀하길 바란다. 그래서 음식 나오는 속도가 빨라야 한다. 많은 양의 음식이 빨리 나올 수 있으려면, 일하는 사람이 많아야 한다. 그러므로 실제 경험해보았을 때, 오피스 상권은 주택가 상권보다 실속이 없었다.

바쁘기만 하고 실속이 없으니 표정이 좋을 수가 없었고, 직원들도 사기가 떨어져서 금세 그만두었다. 모든 면에서 의욕이 떨어진 채로 시간이 흘러갔다. 부동산에 가게를 내놓았지만 보러 오는 사람도 별로 없었다. 무기력한 패전병처럼 앉아 있으니, 과감히 후퇴하기로 결정했다. 처음 지불한 권리금 1억 원을 포기하고, 직원들 퇴직금과 이런저런 데 돈을 쓰고 세무서에 가서 폐업 신고 후 세금을 내고 보니, 정확히 2억 원 손해가 났다.

실패는 승리를 위한 일시적 후퇴

3년 동안 애쓴 결과가 2억 원 적자라니! 지금도 나와 비슷한 일을 겪는 사람들이 많을 것이다. 모든 것을 정리하고 차 안에서 속상해서 혼자 소리 내어 울었다. 물론 내 잘못이지만 어떻게든 잘되게 하려고 노력했는데, 모든 것이 수포로 끝나자 허탈하기도 하고 시원섭섭하기도 했다.

하안동 매장에서 그동안 아내와 함께 일하던 직원들은 우리 사정을 알고 스스로 그만두었다. 원래 자리로 돌아온 나는 잃은 것을 만회하기 위해 직원 없이 아내와 함께 정신없이 일했다. 그리고 처음으로 돌아가 다시 시작한다는 마음으로, 나의 약속을 적었다.

1. 만두소는 매일 새벽 5시에 나와 1,000개 이상 만든다.
2. 겉절이 김치는 하루 두 번 만든다.
3. 육수는 만두소를 만들 때 끓이고, 하루 양만 만든다.
4. 재료 중 하나라도 떨어지면 영업을 종료한다.

지금 하는 것과는 조금 차이가 나지만, 그래도 내가 할 수 있는 최선의 방법을 쓰고 실천했다. 그렇게 1년 정도 했더니, 만두가 전보다 더 맛있어졌다는 소문이 나면서 손님이 다시 늘기 시작했다. 지금 돌아보면, 과감하게 권리금을 포기하고 가산동 매장을 정리하길 참 잘했다는 생각이 든다. 많은 사람이 폐업은 곧 실패라고 생각하지만, 나는 단순한 실패가 아닌 승리를 위한 일시적 후퇴라고 말하고 싶다. 너무 큰 타격을 입기 전에 다음 전투를 기약하며 잠시 뒤로 물러서는 것도 지혜로운 판단이다.

혹시 과거 나와 같은 처지에 놓여 있는가? 그렇다면 잠시 후퇴하여, 재충전의 시간을 갖자. 그리고 그동안 쌓은 경험을 살려 작게라도 다시 도전하길 권한다. 분명 전보다 좋은 결과를 얻을 수 있을 것이다.

새로운 시도로 돌파구를!

Routine

매너리즘은 자영업자의 적

우리 가게는 작은 데다 건물 2층, 뒤쪽에 자리 잡고 있어서 간혹 손님들이 찾느라 애를 먹기도 한다. 전용 주차장도 없어서 차를 가져온 손님은 시에서 운영하는 공용주차장에 차를 대야 한다. 손님에게 여러모로 불편을 끼쳐서 미안한 마음이 든다.

어찌 보면 음식점을 하기에 가장 나쁜 조건에서 장사를 하는 셈이라, 학창 시절 친구들이 처음 가게에 오면 걱정부터 한다. 건물을 가지고 있는 한 친구는 진지하게 자기네 상가로 와서 장사하라는 제의를 하기도 한다.

이처럼 우리 가게의 입지 조건은 객관적으로 보았을 때 결코 좋지 않다. 하지만 나는 이 작고 오래된 가게에서, 코로나19 위기에도 흔들림 없이 20년째 굳건하게 장사를 이어오고 있다. 어떻게 그럴 수 있었을까?

미국에서는 산불이 나면 산불 진압 소방대가 투입된다. 그런데 불이 너무 크게 번져서 쉽사리 진압하기가 어려운 상황에서, 소방수들이 대피하다가 순직하는 일이 많이 벌어졌다. 미국 정부는 이런 사태를 막고자 오랜 시간에 걸쳐 어떠한 이유로 소방수들이 목숨을 잃는지를 조사했다. 그 결과 많은 소방수들이 20킬로그램 이상 나가는 기계톱이나 도끼 같은 무거운 연장을 몸에 지닌 채로 대피하다가 결국 목숨을 잃고 만다는 사실을 밝혀냈다.

소방수들은 대체 왜 마지막 순간까지 무거운 연장을 가지고 다녔을까? 다 내팽개치고 도망쳤다면 소중한 목숨을 건질 수 있었을 텐데 말이다. 소방수들이 그렇게 행동한 까닭은 몸에 밴 습관 때문이었다. 사람은 위기가 닥치면 인지 능력이 떨어져서 무의식적으로 늘 하던 대로 행동한다고 한다. 그래서 소방수들도 목숨이 위태로운 상황임에도 무거운 연장을 내려놓지 못했고, 비극적 결말을 맞이했다.

나는 이 소방수들의 모습을 보고 매너리즘에 빠진 자영업자들을 떠올렸다. 많은 자영업자들이 변화를 거부한다. 그저 늘 하던 대로, 몸에 밴 습관대로 일할 뿐, 냉철하게 현실을 진단하고 과감한 혁신을 이루려 하지 않는다. 그러나 요즘 같은 시대에 과

거의 방식만 고집해서는 살아남지 못한다. 뒤처지지 않고 앞으로 나아가려면, 꾸준히 연구하고 노력해야만 한다. 날마다 스스로의 한계를 뛰어넘어야 한다.

작은 가게가 위기를 극복하는 법

자, 이제부터 내가 열악한 위치에 자리한 작은 가게를 운영하면서도 한 달 순수익 750~1,000만 원을 버는 노하우를 알려주겠다. 20년간의 경험으로 얻은 나의 방법이 생계형 창업을 시작한 후 힘든 시기를 보내고 있는 음식점 사장들에게 도움이 되기를 바란다.

질문을 하나 던지겠다. 테이블이 모두 11개인 우리 가게에서 8,000원짜리 만둣국을 몇 그릇 팔아야 한 달에 1,000만 원의 순수익을 거둘 수 있을까? 한 테이블에 3명이 앉는다고 보았을 때 2만 4,000원을 받을 수 있다. 모든 테이블이 이렇게 꽉 찼을 때에는 26만 4,000원이고, 이러한 상태가 4차례 지나가면 하루 매출이 105만 6,000원이다. 이런 매출이 휴일 빼고 25일 동안 이어지면 2,640만 원이 된다. 우리 가게는 우리가 모든 일을 직접 맡아서 하기에 순수익율이 30퍼센트 정도다. 그러므로 월 순수익이 792만 원이 나온다.

그러나 장사를 해본 사람들은 알겠지만, 매일 만석인 상태가

4차례나 이어지기는 힘들다. 그러므로 돌파구가 필요하다. 늘 하던 대로 반복해서는 더 나은 변화를 기대하기 힘들기에, 성실함 속에서 생각의 전환을 이루어야 한다.

나는 포장 메뉴를 개발해 매출을 올렸다. 창업 초창기부터 포장을 시작했는데, 그때는 비조리 만두 20개에 국물과 고명으로 올리는 김, 다진 파를 세트로 해 '즉석 만둣국'이라 이름 짓고 1만 2,000원에 팔았다. 지금은 '온 가족 즉석 만둣국'이란 이름으로 1만 6,000원에 판매하고 있다.

나는 가게에서 음식을 맛있게 먹은 손님이라면, 사랑하는 가족에게도 그 맛을 함께 느끼게 해주고 싶을 거라고 생각했다. 그래서 집에 가서 바로 끓여 먹을 수 있는 포장 메뉴를 개발했고, 이것을 처음 시도했던 20년 전에는 나름 파격적인 시도였다. 요즘 유행하는 밀키트의 원조라고나 할까.

포장 메뉴를 추가할 경우, 테이블 당 단가가 2만 4,000원에서 1만 6,000원이 더해져 4만 원으로 올라간다. 그러면 하루 매출도 당연히 오르고 순수익도 오르게 된다. 이런 방식으로 나는 코로나19 위기도 잘 극복하고, 지금까지 장사를 순조롭게 이어오고 있다. 포장 메뉴를 주문하게끔 이끄는 노하우도 있다. 예전에는 버스나 지하철에서 물건을 파는 사람들이 있었다. 그 사람이 파는 물건이 내게 필요한 물건이어도 주위에 사는 사람이 아무도 없으면 왠지 망설이다 안 사게 된다. 하지만 주위에 많은 사람이 사면 그다지 필요가 없어도 왠지 사게 되는 것이 사람들 심리이다. 이런 것을 '밴드웨건 효과(band uagon effect, 유행에 따라 상품을 구입하는 소비 현상)'라고 부른다.

나는 사람들의 주문을 독려하기 위해, 한 사람이 포장 메뉴를 주문하면 일부러 조금 큰소리로 주문을 받았다. 그렇게 해서 다른 손님들의 마음도 움직이도록 노력했다. 이렇게 했더니 포장 메뉴를 주문하는 손님들이 많아졌고, 어떤 때에는 만두가 모두 떨어져 일찍 품절되기도 한다. 그러니 이제는 한 가지 방식에 머무르지 말고, 새로운 방법을 모색해보자. 포장이든 배달이든, 또 다른 방법이든 말이다. 그렇게 나만의 돌파구를 만들어가면 작은 가게에서도 상상 이상의 수익을 거둘 수 있다.

한번 손님을
단골손님으로 만드는 법

이제 빅데이터 전쟁이다

우리는 지금 코로나19로 인한 언택트 시대에 살고 있다. 재택근무, 비대면 교육, 모바일 주문과 배송이 일상화된, 사람 간의 직접 접촉이 최소화된 새로운 시대를 살아간다. 많은 사람이 이런 변화가 코로나19 때문에 생겼다고 생각하지만 실은 그 전부터 4차 산업혁명과 함께 세상은 빠른 속도로 변화하고 있었다. 팬데믹과 함께 그 변화 속도가 더욱 빨라졌을 뿐이다.

　2016년 이세돌 9단이 인공지능인 알파고와 바둑을 둬서 졌을 때 사람들은 큰 충격에 빠졌다. 인공지능이 뛰어나다는 건 알았지만, 세계 최고의 바둑기사를 이길 수 있으리라고는 예상치 못했기 때문이다. 하지만 인공지능은 압승을 거뒀고, 사람들은 이제 인공지능의 우월함을 사실로 받아들이고 있다.

나는 이런 변화가 시작된 시점을 아이폰이 처음 출시된 2007년으로 본다. 그 전까지는 사람들이 모든 것을 눈으로 보고 직접 구매하는 시대였다. 당시 세계적인 기업으로는 제너럴 모터스, 엑슨 모빌, 월마트, 시티그룹 등이 있었다. 하지만 아이폰 출시와 함께 세상은 모바일 중심으로 완전히 바뀌었다. 이제 사람들은 마트에 가기보다는 모바일 앱에 들어가서 장을 본다. 거의 모든 일이 모바일을 통해 이뤄진다. 그에 따라 구글, 페이스북, 아마존 같은 글로벌 정보기술(IT) 기업이 엄청나게 성장하고 있다.

이처럼 요즘 새롭게 성장하는 기업들의 가장 큰 공통점이자 특징은 고객들의 데이터를 모조리 수집해 분석, 활용한다는 것이다. 디지털 환경에서 생성되는 방대한 데이터를 '빅데이터'라 부른다. 오늘날은 과거에 비해 데이터 양이 폭증했을 뿐 아니라 그 종류도 다양해져, 데이터를 통해 사람들의 행동은 물론 위치 정보와 생각과 의견까지 분석하고 예측할 수 있다.

그래서 기업들은 이러한 빅데이터를 인공지능으로 모으고 분석해, 이윤 창출에 사용하려고 노력한다. 요즘 온라인으로 무엇을 검색하거나 구입하면, 그와 비슷한 상품 정보가 어느 날 저절로 인터넷 창에 뜨는 것을 많은 사람들이 경험해보았을 것이다. 이런 것도 다 기업들이 우리가 온라인에서 한 일들을 전부 수집해 분석했기 때문에 일어나는 일이다.

아마존에서 운영하는 무인점포가 있다. 우리가 보기에는 아무도 없는 것 같지만 사실은 보이지 않는 곳에서 수많은 직원이 일하고 있다. 이들은 그저 CCTV를 많이 설치해서 고객을 감시하는 게 아니라 인공지능, 딥러닝 기술, 인식 센스 등 최신 기술로 고객들의 일거수일투족을 분석한다.

예를 들어, 한 사람이 무인점포에 가서 구이용 소고기를 장바구니에 담았다가, 다이어트 중이란 사실을 뒤늦게 기억하고 매대에 도로 갖다놓았다고 치자. 소고기는 당연히 계산되지 않지만, 그것을 사려고 했다는 정보는 빅데이터로 남는다. 그래서 며칠 후 그 제품의 유통기한이 다가왔을 때, 기업에서는 그것을 사려고 했던 사람에게 같은 제품을 30퍼센트 할인해준다는 정보를 발송한다. 그러면 많은 사람들이 낮아진 가격에 마음이 끌려서 제품을 구매한다.

수많은 기업들이 이런 식으로 이윤을 창출해내고 있다. 사람들의 시시콜콜한 정보까지 전부 모아서 자기들에게 유리한 방식으로 활용하고 있다.

손님을 기억하고 알아주면 단골이 된다

이러한 인공지능, 빅데이터 시대에 우리처럼 작은 음식점을 경영하는 사람들은 어떻게 해야 할까?

나는 이런 때일수록 따스한 인간의 온도와 감성을 전달하는, '휴먼터치 전략'으로 승부를 보아야 한다고 생각한다. 언택트 시대가 장기화되면서 코로나19로 인한 우울감, 즉 '코로나19 블루'를 겪는 사람들이 많아졌다. 마음이 지친 사람들에게는 자기를 알아주고 자기의 문제에 공감해주는 누군가가 절실히 필요하다.

인공지능은 효과적이고 신속하게 일을 처리하지만, 사람의 감정에 섬세하게 반응하고 공감하지는 못한다. 그 빈 자리를 채울 수 있는 건 같은 사람뿐이다. 그래서 우리 가게에서는 손님들을 기억하고, 공감대를 형성하기 위해 노력한다. 자주 오는 단골뿐 아니라 처음 온 손님도 얼굴과 성격, 선호하는 메뉴, 식사량, 특징 같은 정보를 세밀하게 기억하려고 애쓴다.

사람 입맛은 저마다 달라서 만둣국 하나를 시키더라도 김을 듬뿍 올려달라는 사람, 국물을 많이 달라는 사람, 청양고추를 많이 넣어 맵게 해달라는 사람 등 제각각이다. 성격도 다 달라서 외향적인 손님은 말을 걸어주고 활발하게 반겨주는 걸 좋아하는 반면에 내향적인 손님은 그저 은은한 미소 정도로 충분하다고 여긴다.

성격이 급한 손님은 얼른 와서 주문을 받으면 좋아하고, 식사량이 많은 손님에게는 많이, 적은 손님에게는 적게 주면 만족스러워한다. 그리고 습관적으로 주문 후 음식을 바꾸는 손님이 오면, 주방에서 한 박자 늦게 요리하는 편이 지혜롭다.

인공지능도 아닌 내가 수많은 손님 정보를 어떻게 일일이 기억할 수 있을까? 관심이 있으면 모두 그렇게 할 수 있다고 생각한다. 음식점 사장은 카운터에 앉아 돈 계산만 하는 사람이 아니다. 가게에 온 손님들을 살펴보고 요구 사항을 충족시켜주어야 한다. 그리고 그 내용을 잘 기억해뒀다가, 나중에 그 손님이 다시 왔을 때 원하는 것을 알아서 챙겨주면, 손님은 무척 만족스러워하고 우리 가게의 단골이 되는 것이다.

전화 목소리만 듣고도 그 손님의 인상착의가 기억날 정도는 되어야 요즘처럼 온갖 첨단 기술 발전으로 빠르게 변화하는 시대에 살아남을 수 있다.

진심으로
손님을 대접하라

Routine

공감과 배려가 중요하다

음식점을 하다 보면 다양한 손님을 만나게 된다. 만족스런 식사를 마친 손님은 미소를 지으며 맛있게 잘 먹었다는 인사와 함께 공손히 카드를 내민다. 반면에 불만족스런 식사를 한 손님은 불만이 묻어나는 표정으로 카드를 한 손으로 툭 내민다. 어쨌든 우리는 모든 손님을 만족시키기 위해 최선의 노력을 다한다.

물론 상처 받을 때도 많다. 처음 음식점을 시작했을 때에는 반말을 하며 함부로 대하는 손님들을 만나면 마음에 큰 상처를 입었다. 그리고 얼마 전에는 점심시간이라 한참 바쁜데, 60대 초반 남자 손님 둘이서 찐만두와 비빔막국수를 주문했다. 아내가 음식을 차려줬는데, 그 손님들은 찐만두를 젓가락으로 집어 먹으면서 아내에게 비빔막국수를 비벼서 나눠달라고 말했다. 80대 어르신들도 아니고, 60대의 몸 말짱한 손님들이 할 소린가 싶어서 뜨악했다. 음식점도 서비스업에 속한다. 그래서 모든 손님들의 요구를 최대한 들어주기 위해 노력한다. 하지만 때로는 어디까지 들어줘야 하는지 막막할 때도 있다.

우리 가게 컨셉은 혼자 오든, 가족이 오든, 자주 오든, 오랜만에 오든 편안함을 느끼게 하는 것이다. 그리고 공감력 뛰어난 아내 덕분에 그러한 컨셉에 맞는 운영을 지금까지 잘해오고 있다. 아내는 사람을 좋아하고 사람에 대한 기억력이 몹시 뛰어나다. 그래서 손님들과 친근하게 잘 지낸다. 아내가 무슨 일 때문에 자리를 비우면, 많은 사람들이 나는 안중에도 없고 꼭 아내를 찾는다. 손님들은 가게 밖에서도 아내를 만나면 너무 반가워하며 인사하고 이야기를 나눈다. 오랫동안 장사를 해온 터라, 아내는 이제 우리 동네에서 거의 연예인처럼 유명하다.

아내는 새로 파마를 한 아주머니 손님이 오면 파마가 잘 나왔다며 칭찬해주고, 한가한 시간에 혼자 온 할머니 손님에게는 딸 같은 말벗이 되어준다. 오랜만에 온 손님도 어떻게 기억하는지 "지난번에 드신 떡만둣국 드릴까요?" 하고 물어서 그 손님도 나도 놀라게 한다. 어린이 손님이 오면, 예전에 유치원 선생님 하던 경험을 살려 금세 친해진다. 간혹 집에 안 가고 더 놀겠다는 아이들이 있을 정도다.

지금은 모든 자리가 입식으로 바뀌었지만, 몇 년 전까지는 좌식이었다. 그래서 손님들이 신발을 바꿔 신고 가는 일이 종종 일어났다. 어떤 손님이 신발이 없어졌다고 말하면, 아내는 먼저 나간 손님들의 인상착의를 기억하고 그 손님들에게 카드사를 통해 연락을 취했다. 그런 뒤에 신발을 잘못 신고 간 손님의 회사에 찾아가서 신발을 받아, 원래 주인에게 돌려주었다. 그런 모습을 보면 내 아내지만 정말 놀랍고 대단하다는 생각이 들었다. 아내는 자기가 형사를 했으면 잘했을 거라고 가끔 말하는데, 내가 봐도 형사가 되었다면 최소 수사 반장은 했을 것 같다.

손님 입장에서 생각하라

신발 얘기를 하다 보니, 또 다른 에피소드가 떠오른다. 개업한 지 얼마 되지 않았을 때 일이다. 젊은 커플이 식사 후 나가려는데 신발이 없어졌다고 말했다. 그 얘기를 들은 순간, 누군가 일부러 그 손님의 신발을 신고 갔을 거라는 직감이 들었다. 그리고 잘 차려입은 커플의 겉모습을 보았을 때 그 신발이 비싸겠다는 생각이 들었다.

하지만 도대체 누가 그 신발을 신고 나갔는지 아내도 나도 알길이 없었다. 그래서 보상해주려고 인터넷으로 그 신발을 검색해보니, 다행히 전국에 딱 한 군데 부산 매장에 같은 사이즈의 동일한 신발이 있었다. 가격은 25만 원이었다. 15년 전 가격이니, 꽤 많이 비쌌지만 우리에게도 책임이 있기에 전액 보상해주려고 손님에게 전화를 걸었다.

그랬더니 그 손님이 부산 매장에 있는 신발은 자기 것과 모양은 비슷하지만 다른 거라고, 자기 것은 해외여행 가서 산 오리지널 브랜드로 35만 원짜리라고 했다. 그 순간 심각하게 고민되었다. 당시 우리 가게 하루 매출 반에 해당하는 금액을 고객 말만 듣고 지불해야 하는지 정말 많이 갈등되었다.

그때 아내가 나에게 이렇게 말했다. 고객 입장에서 생각해보면 여행 가서 구입한 하나밖에 없는 소중한 신발인데 분실해서 얼마나 속상하겠냐고, 이런 일은 끌수록 기분만 나빠지니 빠르게 사과하고 돈을 보내주자고. 듣고 보니 정말 그러했다. 그래서 손님에게 소중한 신발을 잃어버려 얼마나 속상하겠냐고, 신경 쓰게 하여 죄송하다는 문자와 함께 바로 35만 원을 송금했다.

솔직히 아깝고 속상했지만, 지금 돌아보면 참 잘한 결정이라는 생각이 든다. 신발 값을 돌려받은 손님은 우리 행동에 감동을 받아, 우리 가게에 대한 좋은 소문을 많이 퍼뜨려주었다. 덕분에 손님도 단골도 크게 늘어났다. 갑작스런 손실이 도리어 큰 이익으로 돌아온 셈이다.

'내 식당에 오는 손님에게 음식을 판다'고 생각하게 되면 거래 한 번으로 인연이 끝나기 마련이다. 하지만 '음식을 대접한다'고 생각하면 마음가짐이 달라져 감동은 못 주더라도 진심은 줄 수 있다고 생각한다. 그러니 이제부터라도 손님 입장에서 생각하고, 최대한 배려해주자. 진심으로 손님을 위해 노력하면, 언젠가 그 보상도 돌아올 것이다.

아내가 오랜 세월 손님을 친절하게 대접하며 자신을 희생했듯이, 나중에 은퇴하면 그때는 내가 고생한 아내에게 봉사하는 삶을 살아야겠다고 다짐해본다.

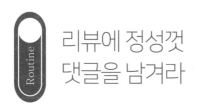

리뷰에 정성껏 댓글을 남겨라

리뷰 테러에 현명하게 대처하기

얼마 전 뉴스에서 한 분식집 사장이 배달 손님의 무리한 환불 요구에 크나큰 스트레스를 받아 뇌출혈로 쓰러진 사건이 방송되었다. 그 손님은 주문한 새우튀김 3개 중 하나가 이상하다면서 자신이 주문한 음식 전부를 환불해달라고 떼를 썼다. 분식집 사장은 여러 차례 전화를 통해 그 손님과 통화하던 중 갑자기 쓰러졌고, 결국 3주 만에 세상을 떠났다.

나도 음식점을 운영하는 입장인지라 그 뉴스를 보고서 너무 속상하고 화가 났다. 우리 가게에 오는 손님들 대다수는 매너 있고 상식적이다. 하지만 간혹 무례하고 비상식적인 손님도 있다. 또한 배달 앱을 통해 주문하는 손님들 중에는 익명성을 방패로 삼아, 지나치게 악의적인 리뷰와 평점을 남기는 사람도 있다. 그런 글을 확인하면 음식점 사장으로서 몹시 당황스럽고 괴롭다.

우리 가게는 2020년 봄부터 배달 앱을 통한 판매를 시작했다. 그 전에는 손님이 직접 와서 사 가는 포장 주문만 했기에 별 문제가 없었는데, 난생처음 눈에 보이지 않는 손님을 대상으로 음식을 판매하려니 어려움이 많았다. 하지만 다행히 손님들이 많이 격려하고 응원해줘서 지금은 배달 주문이 코로나19로 침체되었던 우리 가게에 효자 노릇을 톡톡히 하고 있다.

물론 우리도 리뷰 평점 때문에 상처를 받을 때가 있다. 열심히 음식을 만들어 포장해 보냈는데, 손님이 비수 같은 말을 남기면 마음에 상처를 받는다. 아무리 속상해도 참아야 하기에 더욱 큰 스트레스다. 똑같은 음식을 포장해 보냈는데, 어떤 사람은 정말 맛있었다고 하고 또 어떤 사람은 별로였다고 하면 도대체 누구 말이 맞다고 봐야 할까? 나는 손님의 기분과 입맛에 따라 달라지는 리뷰에 절대적 의미를 두지 말라고 당부를 하고 싶다.

처음 배달을 시작하고 2주쯤 지났을 때 좀 이상한 주문이 들어 온 적이 있다. 앱에 적힌 주소가 아닌 동네 카페로 몇 시까지 가져다달라는 말이 요청란에 적혀 있었다. 그래서 퇴근 후 가져가려나 보다 짐작하고는 의심 없이 시간에 맞춰 음식을 포장해 보냈는데, 얼마 후 말로만 듣던 리뷰 테러가 시작됐다. 얼굴 모를 손님은 별 하나를 매기고는 ○○가게의 만두인 줄 알고 시켰는데 아니어서 실망했다느니, 전혀 개성식 만두 같지 않다느니, 만두 레시피를 가르쳐주고 싶다느니 하는 혹평을 줄줄이 달아놓았다.

그 글을 읽는 내내 화도 났지만, 20년 세월 동안 매일같이 새벽에 나와 정성껏 만두소를 만들고 만두를 빚어왔던 모든 노력이 무시당하는 것 같아 울분이 치솟았다. 그리고 그런 반응에 내가 어떻게 대처해야 할지 몰라서 당황스럽기도 했다. 경쟁 업체가 아르바이트생을 고용해서 배달 앱이나 온라인 쇼핑몰 후기란에 악의적인 리뷰를 달게 한다는 얘기를 종종 들었기에, '이 일도 그런 것이 아닐까' 하는 의심을 했지만 정확한 증거는 없었다.

어쨌든 너무 화가 나서 댓글을 막 써내려가니, 옆에 있던 대학생 딸이 말렸다. 그런 식으로 글을 달면 그 사람들한테 도리어 당하는 거라고, 자기가 대신 쓰겠다며 나섰다. 딸은 유머를 섞어서 이렇게 썼다.

"그토록 맛이 없었다니 죄송합니다. 20년간 만두를 만들어온 저보다 더 맛있게 만들 수 있다고 하시니, 언제 한번 꼭 방문하셔서 제게 가르쳐주시면 큰 영광일 것입니다."

현명한 대처였다. 누가 뭐라고 해도, 내게 실력과 내공이 있으면 주위 사람들이 인정하게 된다. 나쁜 리뷰가 있어도 좋은 리뷰가 더 많이 달릴 것이고, 그런 리뷰를 보고 손님들은 또 주문하게 될 것이다.

손님의 마음을 받아주는 댓글

혹시 '깨진 유리창 법칙'을 아는가? 1982년 범죄학자 제임스 윌슨(James Q. Wilson)과 조지 켈링(George L. Kelling)이 만든 개념으로, 낙서나 유리창 파손 같은 경미한 범죄를 방치하면 더 큰 범죄로 이어진다는 범죄 심리학 이론이다. 유리창이 깨진 채로 방치된 차가 나날이 더러워지고 망가지듯이, 사소한 리뷰라고 해도 아무 반응 없이 내버려둬서는 안 된다. 리뷰를 방치하면, 사장이 별로 신경을 안 쓰는 것 같다는 인상을 주게 되고, 손님과의 소통 통로도 스스로 닫아버리는 것과 같다. 그리고 그런 사장이 만드는 음식은 맛도 없고 위생 상태도 나쁠 것 같다는 의심을 하게 된다. 또한 무례한 댓글이 우후죽순으로 생겨날 가능성도 있다. 그러므로 때로는 힘들겠지만, 최선을 다해 모든 리뷰에 정성껏 댓글을 다는 것이 좋다. 나는 매일 리뷰를 확인하고 일일이 댓글을 남긴다. '받아주기식 댓글'을 쓰면 쓰기에도 수월하고 보는 사람도 기분이 좋다. 예를 들어, "푸짐하고 맛있었습니다"라는 리뷰에는 "푸짐하고 맛있었다니 제가 감사합니다"라고 댓글을 남기는 식이다. 그리고 모든 댓글은 "늘 건강하고 행복하세요"라는 긍정적 인사로 마무리한다. 단골 아이디는 기억해뒀다가 "자주 주문해줘서 감사합니다"라는 인사를 건네기도 한다.

비록 몇 글자 안 되는 댓글이지만, 그것을 통해 손님들에게 따뜻한 온기를 전할 수 있고, 가게 홍보도 할 수 있음을 명심하자.

 # 온·오프,
두 마리 토끼를 잡아라

오프라인 매장을 다시 찾는 사람들

코로나19가 많은 것을 바꿔놓았다. 불과 2년 사이에 절대로 일어나지 않을 것만 같았던 일들이 일어났고, 어느새 그러한 변화에 모두가 익숙해져간다. 사람들이 재택 근무로 집에 있는 시간이 많아지니 비싼 고화질 TV가 잘 팔리고, 대중교통을 꺼리게 되니 차가 잘 팔리고, 해외여행을 못 가니 기분 전환을 위한 명품백이 잘 팔린다고 한다. 반면에 우리 외식업계는 생존 위기에 몰렸다. 코로나19가 퍼지자 손님들이 뚝 끊겼다. 그에 따라 외식 시장은 오프라인에서 온라인으로 빠르게 이동했으며 배달 시장은 급성장하고 비대면 서비스가 일상화되었다.

우리 가게도 코로나19 이전에는 오프라인에서만 운영했지만,

2020년부터 4월부터 배달 앱을 통한 주문을 받기 시작했고, 이제는 온라인과 오프라인 주문을 동시에 소화하고 있다. 처음에 온라인 배달을 시작했을 때에는 큰 기대가 없었다. 하지만 예상과 달리, 단골 손님과 신규 손님의 활발한 주문으로 한때 홀 손님보다 배달 주문이 더 많은 적도 있었다.

이렇게 온라인 손님이 점점 많아지는 듯했는데, 요즘 들어 다시 오프라인 가게로 찾아오는 손님 수가 늘어나고 있다. 처음에는 편리하고 안전하기 때문에 배달 앱을 통해 음식을 주문했지만 가게에서 먹는 맛을 잊지 못해 다시 가게를 찾는 손님들이 많아진 것이다. 그 결과, 배달 주문 건수는 같은 수준을 맴돌지만 방문 손님 수는 조금씩 다시 늘어나고 있다.

가게에서 먹는 '맛'이란 꼭 음식 맛만을 얘기하는 것이 아니다. 우리가 카페에 가는 것이 커피를 마시며 매장 분위기와 창밖 풍경, 다양한 사람들을 함께 감상하고 경험하기 위함이듯이 음식점을 다시 찾는 사람들도 음식을 먹으며 사람들을 직접 만나고 그 현장에서만 누릴 수 있는 것들을 경험하기를 원한다. 단순히 맛만을 위한 것이라고 생각하지 않았으면 한다.

온·오프, 동시에 성공하기

'위드 코로나19' 시대에 살아남기 위해서는 온라인과 오프라인 매장을 동시에 잘 운영해야 한다. 각각의 장점을 살려서 두 가지 토끼를 동시에 잡아야 한다.

만약 코로나19 이전에 장사가 안 되어 힘들었다면, 오히려 지금이 기회다. 온라인 판매 전략을 잘 세워 실행하면 그동안 가게 위치가 안 좋아서, 건물에 주차장이 없어서, 사람들이 많이 안 지나다녀서 부진했던 매출을 한번에 만회할 수 있다. 노르웨이에서는 정어리가 많이 잡히는데, 바다에서 잡힌 정어리는 대부분 항구에 도착하기도 전에 죽는다. 살아 있는 정어리와 죽은 정어리는 가격 차이가 많이 나서, 어부들은 정어리가 산 채로 육지에 도착할 수 있도록 하려고 무척 애를 썼다. 그러나 모두 실패하고 말았다. 그런데 유일하게 한 어부가 바다에서 잡은 정어리들이 항구에 도착해서도 살아 있도록 하는 비법을 알고 있었다. 그가 사망한 후에야 비법이 공개됐는데, 그 비법이란 정어리가 있는 곳에 천적인 메기를 넣는 것이었다.

언뜻 생각했을 때 정어리가 있는 곳에 메기를 두면, 메기가 정어리를 모두 잡아먹을 것 같다. 하지만 정어리들은 메기에게 무력하게 잡아먹히지 않으려고, 잠시도 긴장감을 늦추지 않고 끊임없이 움직였고 그 결과 항구에 도착해서도 살아 있을 수 있었던 것이다. 이처럼 치열한 경쟁 환경이 개인과 조직이 발전하는 데 유익하다는 것이 바로 '메기 효과(catfish effect)'다.

나날이 치열해지는 생존 경쟁 속에서, 우리 가게를 죽은 정어리처럼 만들 것인지 오히려 팔팔하게 살아 있는 가게로 만들 것인지는 우리 선택에 달려 있다. 위기를 오히려 기회로 삼고, 온 오프 두 마리 토끼를 잡기 위해 노력하자. 꾸준히 배우고 끊임없이 노력하다 보면, 어느새 목표에 이를 수 있을 것이다.

4장

20년 대박 가게의 비결, '진심'

Routine

....

매일 만두 2,000알
매일 2번 새로 담긴 겉절이
매일 고명 김 300장

....

멀리 가려면
함께 가라

Routine

가게에 불이 나다

지금도 그날이 생생하게 기억난다.. 2010년 7월 4일 일요일. 초여름이지만 무척 더운 날이었다. 쉬는 날이라 아내와 함께 체력단련을 위해 실내 체육관에서 운동을 하고 있었다. 한참 운동을 하다가, 진동으로 해둔 휴대전화를 확인해보니 부재중 전화가 수십 통 와 있었고, 문자도 한 통 와 있었다. 가게 건물의 관리소장이 보낸 문자였는데, 이렇게 적혀 있었다.

"사장님, 부리 났어요. 빨리"

문자를 보고 처음에는 의아했다. '부리? 부리 났다는 게 무슨 뜻일까?' 그러나 잠시 뒤 깨달음이 왔다. '가게에 불이 났구나!' 문자의 뜻을 깨달은 즉시 옷을 갈아입지도 못하고, 아내와 황급히 가게로 달려갔다. 10분 거리인데 왜 그렇게 멀게만 느껴지던지. 헉헉거리면서 뒤따라오는 아내를 기다리며 가게 쪽을 내다보았더니 멀리서도 소방차 여러 대와 구급차, 순찰차가 건물 앞에 몰려와 있는 것이 보였다. 그 순간, 내가 재난 영화의 주인공이 된 것 같았다. 계속 가게로 달려가면서, 제발 이 모든 일이 꿈이기만을 바랐다.

그러나 현실이었다. 가게에 도착해 보니, 천장은 내려앉고 창문은 다 깨져 있고 모든 게 다 타버린 상태였다. 아내는 재와 물로 범벅이 된 가게 바닥에 털썩 주저앉아 울었다. 나는 망연자실한 채로 주위를 둘러보았다. 불행 중 다행은 불이 옆 가게로 번지지 않았고 휴일이어서 인명 피해가 없었다는 점이다.

불이 났다는 소식을 듣고 많은 사람이 가게로 달려왔다. 우리를 걱정해주는 사람들에게 입으로는 괜찮다고 말했지만 정말이지 표정 관리가 안 되었다. 경찰들과 순찰차를 타고 경찰서에 가서 진술서를 썼다. 경찰은 국과수에서 화재 원인을 조사하는 2주 동안은 가게 안 모든 물건에 손을 대서는 안 된다고 말했다. 나는 경찰서에서 나오는 순간 갑자기 모든 일이 귀찮게 느껴졌다. 그래서 가게에 들르지 않고 집으로 와서 씻지도 않고 그대로 누워버렸다.

곰곰이 생각하니, 가게 화재보험 기간이 6월 말로 끝났다는 사실이 떠올랐다. 불과 며칠 갱신을 미루다가, 보험 혜택도 받지 못하게 된 사실을 깨닫자 절망감이 2배로 몰려왔다. 한없는 무기력감에 사로잡혀 있을 때, 누군가가 집에 찾아왔다.

함께하면 이겨낼 수 있다

무거운 몸을 겨우 일으켜 문을 열었더니, 혜란이 엄마, 아빠가 서 있었다. 혜란이는 내 딸과 같은 초등학교에 다니던 친구였다. 몇 년 전 혜란이 가족이 큰 슬픔을 겪을 때 아내와 내가 위로해준 적이 있었는데 평소 돈독한 사이로 정답게 지내던 혜란이 가족이 우리 가게 화재 소식을 듣고 가장 먼저 집으로 찾아온 것이었다.

한 손에는 우황청심환을, 다른 한 손에는 도시락을 들고 집에 들어선 혜란이 엄마, 아빠는 나보다 더 슬퍼했다. 혜란이 아빠가 걱정스런 얼굴로 "형님, 힘들지요?" 하는데, 그동안 참아온 눈물이 왈칵 쏟아졌다. 혜란이 아빠는 나를 진심으로 위로해주었다. 그러고는 웬 통장 하나를 내밀었다.

"저희 집 전세금이 오를 때를 대비해서 모아둔 3,000만 원이에요. 형님 사정이 급하시니, 일단 이 돈을 필요한 데 쓰시고 천천히 갚으세요."

그 순간 너무 미안하면서도 참 고마웠다. 당장 돈이 필요했기에 그 돈을 받게 되었다. 지금도 큰돈을 선뜻 내어준 동생 부부에게 감사할 따름이다.

그 부부 말고도 수많은 사람이 우리에게 도움과 격려를 건넸다. 2주간 가게 일을 할 수 없었기 때문에 우리는 손님과 거래처 사람들을 위해 작은 안내문을 써서 문에 붙였다. 빠른 시일 안에 복구해서 꼭 다시 찾아뵙겠다는 글과 함께 내 휴대전화 번호를 남겨놓았다.

그러자 하루에도 예닐곱 통씩 문자가 왔다. 손님과 지인 들이 보낸 격려와 응원 문자였다. 그러한 문자들이 우리에게 큰 힘이 되었다. 어떤 날은 세무사인 단골 손님이 전화를 걸어와 재난시 세금 연장하는 법을 가르쳐주었고, 또 어떤 날은 가전 매장을 운영하는 사람이 우리 사정을 전해듣고 주방 가전제품을 저렴하게 살 수 있게 도와주기도 했다. 이처럼 생각지도 못했던 많은 사람들의 도움과 응원 덕분에, 우리는 위기를 딛고 다시 일어설 수 있었다. 지금도 이때를 생각하면 가슴이 훈훈해지곤 한다.

힘든 일도 지나면 추억이 된다

우리는 화재로 인해 2주간 강제 휴가를 갖게 되었다. 늘 바쁘게 일하다가 집에만 있으려니 갑갑해서, 차를 몰고 가까운 물왕저수지를 다녀오게 됐다. 근처 카페에 들어가려고 하자, 아내가 커피 값이 아깝다면서 그냥 자판기 커피를 마시자고 했다.

차에서 돗자리를 꺼내서 저수지 그늘진 자리 한곳에 폈다. 그러고는 믹스커피 두 잔을 뽑아 와서 돗자리 위에 앉아서 마셨다. 아내와 함께 고여 있는 저수지 물을 보면서 말 그대로 '멍때리던' 기억이 생생하다. 앞을 보며 내달릴 줄만 알았지, 멈춤의 여유를 몰랐던 우리가 모처럼 가진 휴식이었다. 우리는 멍하니 물만 쳐다보고 있다가 딸을 데리러 갔다. 당시 초등학교 5학년이던 우리 딸은 광명시 어린이 합창단으로 활동했는데, 시민회관에서 늘 연습을 했다. 가게 일 때문에 한 번도 데리러 가지 못한 딸을 데리고 집으로 오는 길에 맛집에 가서 함께 식사도 했다.

딸은 요즘도 그 시절 얘기를 한다. 연습이 끝나면 다른 친구들은 부모님이 데리러 왔는데 자기는 늘 혼자서 버스를 기다려야 해서 좀 속상했다고, 그런데 가게에 불이 나는 바람에 엄마, 아빠가 쉬게 되니까 연습 끝날 때까지 기다려주고 맛있는 음식도 함께 먹을 수 있어서 몹시 행복했다고 말이다. 정말 그랬다. 가장 힘든 때였지만, 역설적으로 가장 행복하고 소중한 때이기도 했다.

지금도 우리는 그 당시에 우리를 걱정해주고 도와줬던 사람들과 형제보다 더 친밀하게 지낸다. 누구보다 먼저 달려와, 선뜻 큰돈을 건네줬던 혜란이 아빠는 안타깝게도 몇 년 전부터 시력이 점점 나빠져서 하던 사업을 정리해야 했다. 그 뒤로 아주 오랜 시간을 들여서 마사지를 배웠고, 얼마 전에 우리 가게와 가까운 동네에 안마원을 차려서 잘 운영하고 있다.

혜란이 아빠는 내게 너무나 착하고 고마운 동생이다. 요즘에도 가게에 식사하러 오면, 우리 힘들다고 어깨도 마사지 해주고 손도 풀어준다. 명절에는 안마원으로 초대해, 전신 마사지를 해주기도 한다. 이처럼 고맙고 살가운 동생과 지인들 덕분에 화재라는 어려운 고비를 무사히 넘길 수 있었다.

장사를 하다 보면 산전수전 공중전까지 다 겪게 된다. 혼자서는 그 많은 어려움을 헤쳐나갈 수가 없다. 하지만 함께할 사람들이 있으면 극복할 수 있다. 그러니 오랫동안 장사를 잘하고 싶다면, 곁에 있는 사람들과 서로 도우며 잘 지내는 것이 중요하다. 빨리 가려면 혼자 가고, 멀리 가려면 함께 가야 함을 잊지 말자.

배워야
살아남는다

Routine

세상은 빠르게 변하고 있다

학창 시절 친하게 지냈던 친구가 오랜만에 연락을 해, 만나자고
했다. 평일에는 장사 때문에 시간을 낼 수 없어서 휴일인 일요일
에 친구가 사는 동네 근처로 찾아갔다. 친구는 아귀찜 잘하는 숨
은 맛집이 있다며, 그리로 나를 데려갔다. 일요일이라 그런지 식
당은 한산했다. 크지 않은 규모에 50대 중반으로 보이는 사장님
이 혼자서 분주하게 주문을 받고 요리까지 하고 있었다. 친구는
코로나19 전에는 직원 3명이 있었고, 늘 손님이 많아서 자리가
날 때까지 기다린 적도 많았다고 말했다.

얼마 뒤 우리가 주문한 아귀찜이 나왔다. 친구 말대로 아귀가
푸짐하게 들어 있고 맛도 좋았다. 친구가 사장님에게 나를 소개

하면서, 만두 가게를 오랫동안 운영하고 있다고 말했다. 그러자 여사장님은 동병상련이라고, 서비스로 음식도 더 갖다주고 이런 저런 얘기도 건넸다. 그러던 중에 사장님이 우리 가게 형편은 어떻냐고 물어보았다.

그래서 우리도 코로나19 이후에 장사가 잘 안 돼서 힘들었는데, 포장이랑 배달 주문을 받기 시작하면서 사정이 나아졌다고 대답했다. 그리고 여기는 배달 주문을 안 받느냐고 물었더니, 여사장은 여러모로 신경 쓰기 귀찮고 수수료도 비싸서 하지 않는다고 답했다. 코로나19가 잠잠해져서 원래 상태로 회복되면 직원들도 다시 돌아오기로 했다면서, 그래서 요즘도 자주 안부 전화를 주고받는다고 말했다.

그 말을 듣자 이런 의문이 들었다. '과연 백신도 맞고 코로나19도 끝나면, 식당들도 예전 상태로 돌아갈 수 있을까?'

나는 결코 그럴 수 없을 거라고 생각한다. 나도 책으로 공부하기 전에는 대다수의 내 또래 자영업자들처럼 코로나19가 사라지면 모든 게 원상복귀될 거라고 생각했다. 그러다가 4차 산업혁명과 빅데이터, 인공지능에 대해 배우고 나서는 생각이 크게 바뀌었다. 우리가 느끼는 것보다 세상은 엄청 빨리 바뀌고 있었다. 변화하는 세상에서 뒤처지지 않으려면, 부단히 배우고 노력하는 수밖에 없다.

변화를 거부하면 성장할 수 없다

170년 전 영국 런던의 거리에는 증기 버스와 마차가 함께 다녔다. 그런데 증기 버스가 대중화되는 것을 싫어한 마차협회가 영국 의회에 압력을 넣어, 모든 버스에 운전수 3명을 두고 그중 1명은 낮에는 붉은 깃발, 밤에는 붉은 등을 흔들며 다니도록 하는 비효율적인 법을 만들도록 했다.

마차협회는 기차 레일의 폭도 말 두 필만 달릴 수 있는 넓이로 제한했다. 그래서 시속 300킬로미터의 고속 열차가 다니고 있는 요즘에도 객실이 비좁다. 이처럼 어느 시대에나 권력을 거머쥔 집단은 변화를 무척 싫어한다. 하지만 이런 상황에도 변화를 빠르게 받아들이고 앞날을 미리 준비하는 사람은 큰 성장을 이룰 수 있다.

얼마 전, 유튜브 영상을 통해 기업인이자 강사인 김미경 씨가 코로나19로 인한 어려움을 침착하게 헤쳐 나가는 모습을 우연히 보게 되었다. 그저 강연을 잘하는 사람이라고만 알았는데, 회사 통장에 잔고가 없다는 사실을 겸허히 받아들이고 기존에 누리던 모든 권리를 스스로 내려놓는 모습을 보며 존경스럽다는 생각이 들었다.

김미경 씨는 57세라는 적지 않은 나이임에도 불구하고, 처음부터 다시 배우고 시작하려고 노력하고 있다. 그리고 그 모습을 보면서 나도 어려운 시기에 해법을 찾을 수 있겠다는 자신감이 생겨났다. 김미경 씨의 말처럼 이제는 패러다임이 바뀌었다. 예전 방식대로 살면 도태되지만, 변화를 받아들이고 새로운 생존법을 모색하면 전보다 성장할 수도 있다.

결국에는 배워야 산다

그럼 급변하는 시대에 자영업자인 우리는 어떻게 해야 할까? 시대 흐름을 읽고 그에 맞는 전략을 세워야 한다. 그러기 위해서는 끊임없이 배우고 또 배워야 한다.

나는 새벽 6시에 출근해 밤 9시에 퇴근한다. 일요일을 제외하고는 거의 온종일 가게에 붙어 있는 셈이다. 아마 조금의 차이는 있을지 몰라도 대부분의 자영업자들이 나와 비슷한 생활을 할 것이다. 상황이 이렇다 보니, 새로운 걸 배우고 싶어도 짬이 나지 않아서 배울 수가 없었다.

하지만 코로나19 이후 비대면 온라인 교육이 활성화되면서, 요즘은 장소와 상관없이 다양한 것을 배울 수 있게 되었다. 그 덕분에 나도 주거래인 신한은행에서 진행하는 신한 SOHO 사관학교 8주 과정의 자영업자 교육을 무사히 수료했다. 그리고 그것이 터닝 포인트가 되어 전에는 꿈도 꾸지 못했던 강연과 방송 출연, 책 출간까지 할 수 있었다.

과연 코로나19로 모든 자영업자가 힘들어졌을까? 아니다. 위기를 오히려 기회로 삼아 승승장구하는 사람들도 많이 있다. 그러니 새로운 변화의 흐름을 겁내지 말고 당당하게 직면하자. '여유가 없어서', '나이가 많아서', '어려운 말을 잘 이해하지 못해서' 등등의 변명으로 그 자리에 마냥 머무르면, 변화하는 세상에 적응하지 못하고 결국 한참 뒤처지게 될 것이다. 심리 연구가 브레네 브라운(Brene Brown)은 이렇게 말했다.

"용감하거나 겁쟁이거나, 사람은 이 둘 중 하나라는 말은 사실이 아니다. 우리는 모두 두려움을 느끼는 동시에 용기를 내기 때문이다."

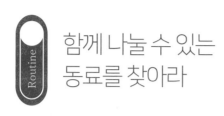

함께 나눌 수 있는
동료를 찾아라

함께하는 동료의 의미

이른 새벽부터 늦은 밤까지 가게에서 대부분의 시간을 보내는 자영업자는 새로운 친구를 만들 기회가 거의 없다. 이웃 사장님들과는 인사도 자주 나누고, 여러 대화를 할 수 있지만, 장사와 관련된 고민을 함께 나누기는 쉽지 않다. 하지만 이런 나에게도 이제는 장사를 같이 배우고 고민하는 동료들이 여럿 생겼다. 배달의 민족에서 운영하는 장사 교육기관 '배민아카데미'에서 만난 사장님들이다. 연령도 지역도 다 다르지만, 같은 외식업 사장이기에 할 수 있는 고민을 나누고, 장사를 더 잘하고 싶은 마음으로 똘똘 뭉쳤다. '배민프렌즈'라는 이름으로 모인 우리 12명의 사장은 6개월간 특별한 공부와 경험을 했다.

그중 기억에 남는 활동으로 두 가지가 있다. 첫 번째는 뜻이 맞는 사장님들의 '소모임' 활동이다. 나는 두 가지 소모임에서 활동했는데 하나는, 매일 새벽 6시에 진행한 '재무회계' 공부 모임이다. 한 달간 매일 새벽 6시부터 40분간 온라인 비대면 방식으로 재무회계를 배우고, 우리 가게에 적용해 보았다. 모임 멤버에는 회계와 재무의 전문가이자 동시에 요거트 가게 사장님인 윤정용 사장님이 계셨고, 곧 이분이 우리의 선생님이었다.

나는 이 한 달간의 새벽 모임을 통해 가게 수익과 지출을 명확하게 분석하고 예상하는 것이 가능해졌고, 무엇보다 동료 사장님들과 함께 배우니 쉽게 포기하지 않고 한 달 동안 꾸준히 공부할 수 있었다.

또 다른 모임은 '독서 모임'이다. 나는 평소에도 책을 좋아하는 편이었는데, 한 달에 한 권씩 책을 정해 읽고 생각을 나누는 소모임에서도 활동했다. 여러 지식과 내가 경험하지 못한 이야기들을 알 수 있으리라 생각했다. 밤늦게 장사 마감을 하고 책을 펼치면 잠이 쏟아져 힘들 때도 있었지만 책에서 얻은 영감과 지혜를 동료 사장님들과 이야기하는 경험은 참 즐거웠다.

학창 시절엔 이렇게 책을 읽고 배우는 게 일상이니 귀한 줄 몰랐는데, 어른이 되니 같은 일을 배우고 응원하는 동료들을 만난다는 게 얼마나 기쁜지 모른다.

누군가에게 도움이 되거나 받는 기쁨

자기 발전 외에도 뜻깊고 의미 있는 활동도 하고 싶었는데, 배민 아카데미를 통해 운 좋게 음식으로 봉사했던 경험이 기억에 남는다. 추석에 홀로 계신 지역 어르신들을 위해 만두를 빚고, 전달한 '음식 봉사'였고, 참 뿌듯했다.

내가 일일 선생님이 되어 여러 사장님에게 만두를 빚기 교육을 진행한 후, 함께 만든 만두를 정성껏 담아 어르신 댁에 전달했다. 어르신들에게 든든한 보양식이 될 수 있도록 밤새 사골을 우려 준비한 육수도 같이 전달드렸다. 주름진 어르신이 손을 잡으며 전해준 '고맙다'라는 한 마디가, 음식을 만드는 사람으로 얼마나 행복했는지 모른다. 나의 작은 재능이 사회 곳곳에 온기로 전해질 수 있다면, 20년 만두 빚은 경력이 허투루 쌓인 것이 아니라고 확신했다.

6개월간의 배민프렌즈 활동을 하며 얻은 귀한 교훈이 있다. 시작할 때는 '내가 선배니까 알려줘야지'라는 마음이었는데, 막상 20살 이상 차이 나는 젊은 사장님들에게 내가 배우고 깨닫는 게 참 많았다. 시대와 고객의 변화는 젊은 사장님들이 더 빠르게 적응하니, 그들의 생각과 이야기를 듣는 것만으로도 자극받고 배우는 시간이었다.

나 외에도 많은 사장님이 기회가 되면 주변의 사장님들을 만나고 이야기해 보길 권한다. 홀로 모든 고민에 답을 찾고, 책임

져야 하는 사장이라는 무게를 동료 사장님들과 만나 함께 위로
와 새로운 자극을 받을 수 있을 것이다. 홀로 외롭다면 동료 사
장님을 만들기를 바란다.

주막집 개를 키우지 마라

Routine

문제는 해결해야 한다

장사를 하다 보면 잘될 때도 있지만, 갑자기 매출이 확 떨어질 때도 있다. 그럴 때 원인을 찾아서 해결할 생각은 하지 않고, 갖가지 핑곗거리로 위안을 삼는 사람들이 의외로 많다. 수십 년 동안 자영업을 하면서 솔직히 매년 불경기였지, 경기가 좋았던 적은 한 번도 없었다.

장사가 안 되는 이유는 수도 없이 많다. 1월은 첫 달이라서, 2월은 명절이 있어서, 3월은 신학기라, 4월은 환절기라, 5월은 가정행사가 많아서, 6월은 여행 철이라, 7월은 더워서, 8월은 휴가철이라, 9월은 명절이 있어서, 10월은 또 환절기라, 11월은 김장철이라, 12월은 연말이라 장사가 안 된다는 핑계를 대면서 스스로 위안을 삼곤 한다.

하지만 자꾸 핑곗거리를 찾으며 그 자리에 머물러 있으면, 가게는 성장하지 못하고 손님들에게 점점 잊히게 된다. 그러므로 장사가 안 될 때에는 원인을 찾아야 한다. 가만히 감나무 아래에 누워서 저절로 감이 입 속으로 떨어지길 기다릴 것이 아니라, 감을 딸 수 있도록 방법을 찾아나서야 한다.

중국 고전 《한비자》에 '구맹주산(狗猛酒酸)'이란 말이 나온다. 狗(개 구), 猛(사나울 맹), 酒(술 주), 酸(초 산) 즉, 개가 사나우면 술이 시어진다는 뜻이다.

송나라의 어느 마을에 주인이 술을 직접 빚어서 파는 주막이 있었다. 그 주막의 주인은 워낙 부지런하고 술 빚는 재주가 뛰어나, 손님들이 줄을 지어 찾아왔다. 장사가 갈수록 잘되어 집에 돈이 많아지자, 주인은 도둑이 들까 봐 걱정되었다. 고민 끝에 개를 데려와 문 앞에 세워두었더니 안심이 되었다.

그런데 그 뒤로는 장사가 안 되어 술이 오래 묵어 쉬게 되었다. 왜 그렇게 되었을까? 문 앞에 세워둔 개 때문이었다. 사나운 개가 주막집 앞에 있으니, 개에게 물릴까 봐 두려워진 사람들이 다른 주막으로 가게 되었던 것이다.

우리 가게에도 주막집 개가 있을까?

어쩌면 우리도 이야기 속 주막집 주인 같은 실수를 하고 있을지 모른다. 주막집 개는 주인인 내가 될 수도, 직원이 될 수도, 특정 메뉴나 조리법이 될 수도 있다. 손님들이 즐겨 찾는 가게를 만들고 싶다면, 수시로 가게를 점검해보아야 한다. 냉철한 눈으로 가게 안팎을 살피고, 조금이라도 손님들에게 방해가 될 만한 것이 눈에 띄면 즉시 없애는 것이 좋다.

90년대 초, 친구들과 자주 가던 돼지갈빗집이 있었다. 부부가 운영하는 곳이었는데, 부인은 주방 일을 하고 사장은 직접 석쇠에 고기를 구워 잘라주었다. 맛도 좋았지만 부부가 무척 친절해서 장사가 잘되었다. 그런데 어느 날부턴가 사장 부부의 태도가 바뀌었다. 테이블마다 다니면서 인사하고 친절하게 고기를 구워주던 사장은 사라지고, 무표정한 직원들이 그 빈 자리를 채웠다. 손님이 너무 많아서 일손이 부족한 때에만 사장은 나타났다. 그런데 손목에 웬 번쩍거리는 금시계를 차고 있어, 어쩐지 부담스러운 느낌을 자아냈다. 사장 부인의 태도도 영 달라졌다. 전에는 싹싹하게 손님들을 잘 챙겼는데, 이제는 화려한 색깔의 골프웨어를 입고 카운터에만 머물면서 손님들과는 말을 섞지 않는다.

사장 부부의 태도가 달라지니, 가게의 분위기도 달라졌다. 전에는 푸근하고 편안한 분위기에 끌려서 자주 찾아갔는데 이제는 왠지 이질감이 느껴져 안 가게 되었다.

이처럼 사장의 태도와 외모도 손님 방문을 막는 주막집 개가 될 수 있다. 손님들과의 소통을 방해하는 모든 것이 주막집 개가 될 수 있음을 명심하고, 항상 한결 같은 성실함을 유지하도록 노력하자.

마음을 열면 통한다

우리 가게는 손님과의 소통을 중요하게 생각한다. 단순히 손님과 가게 사장의 관계를 넘어서, 삶을 함께 나누는 친근한 사이로 지내려고 노력한다. 그렇게 했더니, 손님들도 우리 마음을 알아주어서 좋은 것이 생기면 가게에 들러서 나눠주기도 하고, 안부를 전해오기도 한다.

아내는 특히 손님들과 소통을 잘한다. 엄마와 함께 온 아이 손님이 있으면, 얼른 다가가서 말을 건네고 친해진다. 연애 시절 단골이었던 커플이 결혼 전 인사를 하러 오면 작은 선물이라도 주고, 결혼해 아이가 생겨서 오면 친정 엄마처럼 김치와 반찬을 챙겨준다. 그리고 출산을 해서 아이 아빠가 만둣국을 포장하러 오면, 잠깐 기다리게 하고 시장으로 뛰어가 아이 내복을 사서 선물하면서 기쁨을 나눈다.

이처럼 아내가 지극정성으로 손님들을 챙기기 때문에, 손님들도 아내를 좋아하고 챙겨준다. 몇몇 단골은 우리 딸이 초등학교 입학했을 때 학용품을 선물해주기도 하고, 일부러 빵이나 피로회복제를 사다 주고 가기도 한다. 얼마 전에는 김치냉장고가 오래되어서 새로 장만해야 하나 생각했는데, 아파트 분양을 받아 이사하게 된 단골이 구입한 지 1년밖에 안 된 김치냉장고와 통을 보내줘서 만두소를 보관하는 용도로 잘 사용하고 있다.

이처럼 손님과 서로 경조사를 챙기고 진심으로 위해주는 돈독한 사이가 된 것은, 우리가 마음을 열고 손님에게 다가갔기 때문일 것이다. 앞으로도 장사가 좀 잘된다고 우쭐하지 않고, 늘 성실하고 겸손한 자세를 유지하려고 한다. 잊지 말자. 내가 교만해지는 순간, 주막집 개가 된다는 사실을….

멈출 줄
아는 지혜

Routine

나를 변화시킨 손님의 한마디

우리 가게는 일요일에 문을 닫는다. 원래 그랬던 건 아니다. 장
사를 처음 시작했을 때에는 절박한 마음에 쉬는 날도 없이 계속
일했다. 딸이 어렸지만 돌봐줄 사람이 없어서, 어린이집에 가지
않는 날에는 온종일 우리와 함께 가게에 있었다.

몇몇 오래된 단골 손님은 가게 한쪽 구석에서 혼자 스케치북
을 펴놓고 그림을 그리던 어린 딸의 모습을 여전히 기억한다. 우
리가 그 애가 벌써 스물세 살 대학생이라고 하면, 깜짝 놀라곤
한다. 지금 돌이켜보면 그때는 빨리 돈을 벌어야겠다는 생각뿐
이었던 것 같다. 그런데 어느 날 예기치 못한 계기로 마음이 바
뀌게 되었다.

그날도 나와 아내는 열심히 가게 일을 하고 있었고, 딸은 한쪽에서 놀고 있었다. 그때 내 어머니 연세쯤 되어 보이는 한 손님이 다가와 이런 말을 건넸다.

"사장님, 나 오지랖 넓다고 흉봐도 좋으니 이 얘기만 좀 들어봐주세요. 내가 지금 제일 후회되는 게 뭔지 알아요? 장사한다고 애들과 못 놀아준 거예요."

손님은 장사 때문에 아이가 사춘기 시절 방황할 때 마음을 다독여주지 못한 것, 한창 공부해야 할 때에 충분히 뒷받침해주지 못해 좋은 대학에 못 간 것이 제일 속상하다며 아무리 바빠도 일주일에 한 번은 가족과 쉬면서 함께 시간을 보내라고 조언했다.

그 얘기를 듣고 부끄러웠다. 아내와 상의 후, 일요일 하루는 가게 문을 닫기로 결정했다. 그리고 장사를 시작한 뒤 처음으로 쉬던 날, 아내와 딸과 함께 동네 도서관 옆 운동장에서 배드민턴을 쳤다. 다 함께 즐거운 오후를 보내고 저녁에는 식당에 가서 우동과 돈가스를 먹었다. 무척 행복해하던 딸과 아내의 모습이 한 장의 스냅사진처럼 내 가슴에 소중히 남아 있다.

멈춤의 효과는 있었다

가끔 음식을 주문하려고 배달 앱을 보면 '연중무휴', '설날과 추석 당일 이틀만 쉽니다'라는 문구를 써놓은 가게들을 마주치게 된다. 그럴 때면 쉼 없이 달려가던 지난날의 내 모습이 떠오른다. 저마다 사정이 있어 그런 결정을 내렸겠지만, 얼마나 고단할지 알기에 안타까울 따름이다.

톨스토이의 단편소설 《사람에겐 땅이 얼마나 필요한가》에는 파홈이라는 농부가 등장한다. 파홈은 큰 욕심 없이 행복하게 살던 소작농이었다. 그런데 어느 날 땅을 조금 얻게 되고, 그 뒤로 이상하게도 땅 욕심이 생겼다. 그런 파홈의 귀에 어떤 지방의 땅 주인이 땅을 싸게 판다는 소문이 들려왔다. 그 주인은 하루 안에 돌아오지 못하면 무효가 된다는 전제 하에 온종일 걸은 만큼의 땅을 싼값에 팔겠다고 제안했다.

파홈은 동트는 새벽부터 출발해 목마름과 배고픔도 참으며 무조건 달렸다. 더 많은 땅을 갖겠다는 욕심에 초인적 힘을 발휘해, 해가 떨어지기 직전에 가까스로 출발 지점에 도착했다. 그러나 곧 탈진해 결국 피를 토하며 죽게 되는데, 그렇게 넓은 땅을 밟은 파홈이 묻힌 땅은 겨우 2평이었다.

이런 비극의 주인공이 되지 않으려면, 어떻게 해야 할까? 나는 열심히 일하되, 멈출 때는 과감히 멈춰야 한다고 생각한다. 20년 동안 한곳에서 장사하면서 수많은 가게의 개업과 폐업을 지켜보았다. 우리 가게보다 훨씬 크고 손님도 많고 장사도 더 잘되던 그 가게들이 지금은 모두 사라지고 없다. 반면에 그 가게들보다 매장도 작고 매출도 적었던 우리는 지금도 건재하다.

그 비결은 한마디로 꾸준함이다. 그리고 꾸준하기 위해서는 쉬어야 한다. 일할 때는 누구보다 열심히 하고, 멈출 때는 멈추어야 무리하지 않고 생존 근육을 꾸준히 키워갈 수 있다.

세계 최대의 커피 체인점인 스타벅스도 2008년 창업 이래 최대의 경영 위기를 맞이했을 때 '멈춤'을 선택했다. 8년 만에 최고경영자 자리에 복귀한 창업자 하워드 슐츠(Howard Schultz)는 엄청난 매출 손실과 임원들의 반대를 무릅쓰고 미국 전역에 있는 7,000여 매장을 3시간 동안 닫기로 결정했다.

문을 닫은 시간 동안 바리스타들은 커피 만드는 법을 다시 제대로 배웠고, 그 결과 커피 맛이 훨씬 좋아졌다는 평과 함께 매출도 급성장하게 되었다. 이처럼 잠시 멈춤은 그저 멈춰 있는 시간이 아니라, 더 나은 내일을 위해 준비하고 배우는 시간이다. 앞으로 나아가기 위해서는 쉬어 가는 시간이 반드시 필요하다.

남과 비교 말고 자기만의 행복을 일궈라

앞서 얘기했듯이 내게도 쉴 새 없이 달리던 때가 있었다. 되돌아보면 그때는 나만의 룰이나 기준이 없었던 것 같다. 그저 무작정 남보다 앞서기 위해 끊임없이 내달렸던 것 같다.

장사하다 보면 제일 힘들 때가 다른 가게는 손님이 많은데 우리 가게만 텅 비어 있을 때다. 속상한 표정을 내보이기 싫어서 일부러 가게 밖으로 나와서 배회한 적도 있었다.

'남의 떡이 더 커 보인다'는 속담이 있지 않은가? 사람들은 자꾸만 자기 자신을 남과 비교하면서 남이 가진 것을 더 높게 평가하고 시기심, 열등감에 사로잡힌다. 이른바 '비교의 함정'에 빠지게 되는 것이다.

이러한 함정에 빠져서 우울감에 허우적대지 않으려면, 자기만의 확고한 기준을 가져야 한다. 무엇을 위해서 장사를 하는지 목적을 명확히 되짚어보고, 그 목적을 이루기 위해 어떻게 일하고 쉴 것인지 방법을 정해야 한다. 이처럼 자신만의 룰과 철학이 확실해야만 흔들리지 않고 꾸준히 앞으로 나갈 수 있다.

나는 장사를 하는 목적을 돈에서 가족의 행복으로 바꾸었다. 그랬더니 한결 짐이 가벼워졌고, 지금까지도 장사를 잘해올 수 있었다. 당신은 삶의 목적이 무엇인가? 그것을 이루기 위해 무엇을, 어떻게 할 것인가? 곰곰이 생각해보고 작은 것부터라도 실천하기를 권한다.

한결 같은 맛을 유지하라

모두를 만족시키는 맛을 내기란 어렵다

얼마 전 우리 가게 바로 앞에 보쌈집이 새로 문을 열었다. 음식을 팔아주려고 포장 주문을 했는데, 그곳 사장이 서비스 음식을 더 주면서 맛을 평가해달라고 부탁했다. 아마도 내가 동네에서 오랫동안 장사를 해왔기 때문에 특별히 조언을 듣고 싶은 듯했다.

그 부탁을 받고서 참 난감했다. 맛은 절대적인 것이 아니라 주관적인 것이기 때문이다. 음식을 먹는 사람의 입맛과 컨디션, 환경에 따라서 똑같은 음식도 전혀 다른 맛으로 다가올 수 있다. 특히 나는 식당을 운영하는 동시에 요리도 하고 있기에, 남이 정성껏 만든 음식에 대해 평가를 내리는 일이 더욱 부담스럽다.

맛있는 음식이라고 하면, 어떤 것이 떠오르는가? 아마 많은 사람이 어릴 적에 어머니가 해주신 음식을 떠올릴 것이다. 내 경우에도, 만두를 20년간 만들어왔지만 내가 만든 만두보다 예전에 어머니가 여름철이면 해주셨던 호박과 부추, 돼지고기가 많이 들어간 호박만두가 더 맛있었다는 생각이 든다. 이제 다시는 맛보지 못할 만두이기에 더욱 그립다.

그런데 내가 그리워하는 어머니의 음식이 다른 사람에게도 그처럼 맛있을까? 아마도 그렇지 않을 것이다. 내게 어머니 음식이 맛있게 느껴지는 것은 어린 시절부터 오랫동안 먹어왔기에 그 맛이 내게 친숙하기 때문일 것이다.

다양한 입맛을 지닌 사람들을 모두 완벽하게 충족시켜주는 맛이란 존재하지 않는다. 하지만 오랫동안 맛을 연구하고 손님들의 반응을 살피다 보면, 어느 정도는 맛에 대한 감을 잡게 된다. 그 감각에 따라서 음식을 만들면, 모든 사람까지는 아니어도 대부분의 사람들은 만족시킬 수 있다.

음식 맛을 한결같이 유지하는 일은 생각보다 어렵다. 몸 상태가 좋지 않으면 미각이 떨어져서 음식 간을 제대로 볼 수 없으므로, 주방에서 요리하는 사람은 건강 관리를 철저하게 해야 한다.

몇 년 전 추운 겨울에 몸살이 난 적 있다. 밤새 끙끙대다가 다음날 새벽에 출근해 만두소를 만드는데, 입이 말라서 정확하게 간을 볼 수 없었다. 하는 수없이 대충 간을 봐서 만두를 빚었다.

그랬더니 오전부터 주방장이 바뀌었냐고, 만두 맛이 영 별로라고 하는 손님들의 원성이 자자했다.

그날 이후, 나는 몸 관리에 더욱 신경을 쓰고 있다. 내가 건강해야 음식도 맛있게 만들 수 있기 때문에 술, 담배를 하지 않는 것은 물론이고 되도록 일찍 잠자리에 들어 숙면을 취하려고 노력한다. 몸살이 난 다음 날로 시간을 돌이킬 수 있다면, 손님들에게 몸이 아프다는 사실을 알리고 가게 문을 닫을 것이다. 그러면 손님들은 사정을 이해하고 다른 날 가게에 찾아올 것이다. 음식을 못 먹어서 아쉬운 마음으로 돌아간 손님은 다시 찾아와도, 음식 맛에 실망한 손님은 두 번 다시 찾아오지 않는다는 사실을 간과한 탓에 소중한 손님들을 잃게 되었다.

부지런한 손에서 신선한 음식이 나온다

오랫동안 맛집으로 소문난 가게들은 공통점이 있다. 바로 음식이 신선하다는 것이다. 맛집 주방장이나 사장은 음식을 미리 많이 만들어두지 않는다. 딱 하루에 판매할 만큼만 만들기 때문에 음식 맛이 좋고 신선하다.

음식은 언제가 가장 맛있을까? 당연히 조리한 즉시 먹어야 제일 맛있다. 똑같은 음식도 냉장고에 한번 넣었다가 다시 끓이면 맛이 떨어진다. 길거리에서 파는 떡볶이도 큰 그릇에 많은 양을 넣어 오랫동안 끓이는 것보다 작은 그릇에 조금씩 넣어 끓이는 것이 훨씬 쫄깃쫄깃하니 맛있다.

손님들에게 한결 같은 맛의 신선한 음식을 제공하려면, 결국 사장이 나서는 수밖에 없다. 생계형 가게일수록 사장이 직접 요리를 해야 한다. 레시피만 그대로 따라 하면, 누가 요리하든 똑같은 맛을 낼 수 있다고 주장하는 사람들도 있다. 하지만 나는 손맛과 경험치만큼 정확한 레시피는 없다고 본다.

나는 매일 직접 배추를 절여서 만두소를 만든다. 그런데 여름 배추와 가을 배추가 다르고, 햇배추와 저장 배추, 60일 배추와 90일 배추가 다르다. 배추 수확 시기와 종류에 따라 수분 양과 두께가 다르기 때문에 절이는 방식도 달라진다. 그런데 이러한 점을 일일이 고려하면서 한결 같은 맛을 내기 위해 애쓸 수 있는 사람은 누구일까? 바로 사장이다. 그렇기 때문에 사장이 철저한 자기 관리와 노력으로 직접 음식을 만들고 그 맛에 책임을 져야 한다.

내가 편해지면, 직원도 손님도 떠난다

사장이 아무리 맛있는 음식을 만들기 위해 노력해도, 함께 일하는 직원들과 손발이 맞지 않으면 가게가 제대로 돌아가지 않는다. 그러므로 직원 수가 많든 적든, 늘 배려하면서 일해야 한다.

오랫동안 함께 일한 직원은 가게에 큰 보탬이 되는 존재다. 어려운 상황이 왔을 때, 같이 고민하고 노력해 고비를 넘길 동반자다. 그러므로 소중히 여겨야 한다.

20년간 음식점을 운영하면서 깨달은 것이 있다. 바로 사장이 편해지려고 하면 직원도, 손님도 떨어져나간다는 사실이다. 음식 장사로 편하게 돈 버는 길은 없다. 날마다 부지런히 노력해야 결실을 거둘 수 있다. 재료를 구입하고 음식 간을 보는 일부터 직원들을 챙기고 손님들 반응을 살피는 일까지 모두 사장의 몫이다. 어느 것 하나 게을리해서는 결코 자신이 꿈꾸던 가게를 이룰 수 없다.

내 목표는 음식이 아주 맛있기보다는 잘 팔리는 가게, 줄 서서 기다리는 가게보다는 정직한 음식을 만드는 가게, 새로운 손님보다 재방문 손님이 훨씬 많은 가게를 만드는 것이다. 이러한 가게를 만들기 위해서 오늘도 새벽같이 나와서 배추를 절이고 만두를 빚는다. 절실함, 의지, 끈기를 가지고 날마다 노력하다 보면, 언젠가는 꿈꾸던 가게를 이룰 수 있으리라 믿는다.

계속 개발하고
업그레이드하라

Routine

절박함을 가지고 있는가?

얼마 전, 우리 가게와 마주보는 위치에 있던 파스타 전문점이 폐
업했다. 셰프 출신 사장이 혼자서 운영하던 곳이었는데, 요리가
맛있어서 젊은 층 손님들이 배달 주문을 많이 했다. 장사를 오래
할 줄 알았는데, 딱 2년 만에 문을 닫았다. 내가 20년간 장사하
는 동안, 그 자리를 거쳐간 가게가 대략 10개 정도다. 각 가게가
평균 2년 정도 운영하고 문을 닫은 셈이다.

왜 이렇게 금세 장사를 그만두는 걸까? 사장들마다 갖가지 속
사정이 있었겠지만, 내 추측으로는 절박함이 없었기 때문이 아
닐까 싶다.

우리나라를 대표하는 요리 연구가 겸 기업가인 백종원 씨가 나오는 방송 프로그램을 종종 시청한다. 특히 동네의 작은 식당들을 방문해 요리법과 운영 노하우를 가르쳐주는 프로그램을 즐겨 본다. 그런데 백종원 씨가 방송 중에 아주 불쾌한 표정을 지을 때가 있다. 바로 스스로 노력할 생각은 않고 무작정 도와달라고, 비법을 가르쳐달라고 요구하는 사장들을 만났을 때다.

나도 그런 사람들을 만난 적이 있다. 방송에 우리 가게가 몇 차례 소개된 뒤로 요즘도 가끔씩 만두 만드는 법을 가르쳐달라며 사람들이 찾아오곤 한다. 백종원 씨가 조금 어설프지만 새롭게 도전하려고 노력하는 사람들에게 더욱 열심히 노하우를 가르쳐주듯이, 나도 절박함을 가지고 능동적으로 행동하는 사람들에게는 나만의 비법을 전수해주고 싶다.

그런데 안타깝게도, 나를 찾아온 대다수의 사람들에게서는 열정을 찾아볼 수 없었다. 장사를 오랫동안 해와서인지, 이제는 누군가가 찾아오면 어떤 사정을 가지고 있는지 대략 감이 온다. 아내가 돗자리 깔아도 되겠다고 농담을 할 정도다.

사업에 실패해서, 가족 중 1명이 아파서 돈을 벌어야 해서 나를 찾아온 사람들은 만두 빚는 법을 가르쳐달라고 요청한다. 그러면 나는 맨 먼저 그 사람의 손을 살펴본다. 깔끔하게 관리된 흰 손이 아닌, 손등에 힘줄도 튀어나오고 일을 많이 해서 거칠고 붉어진 손이 일을 배우기에 알맞다고 생각하기 때문이다.

그리고 이런 제안을 한다. 1년간 우리 가게 주방에서 최저시급을 받고 일한다면, 가르쳐주겠노라고. 내가 이런 제안을 하는 이유는 첫째, 절박함을 가지고 있는지 보기 위함이고 둘째, 쉽게 가르쳐주면 쉽게 포기하기 때문이고 셋째, 만두 레시피는 내가 힘들게 배워서 구축한 지식 재산이므로 쉽게 가르쳐줄 수 없기 때문이다.

만약 내가 아무 조건 없이 가르쳐주면, 그 방법을 하찮게 여기고 어설프게 배우다 말거나 남에게 잘못된 레시피를 함부로 가르쳐줄 위험도 있기 때문에 1년 허드렛일을 제안한다. 그런데 이런 제안을 받고 돌아가서 다시 내게 연락을 해온 경우는 지금껏 한 번도 없었다.

맛집의 비결은 끊임없는 개발과 업그레이드

완벽한 레시피를 배웠다고 해도, 10년, 20년 잘되는 맛집이 되려면 꾸준히 조리법을 개발하고 업그레이드해야 한다. 우리가 잘 아는 프랜차이즈 패스트푸드 기업도 늘 똑같은 햄버거를 만드는 것 같지만 사실은 매해 트렌드에 맞춰서 조금씩 맛에 변화를 주고 있다.

우리 가게도 마찬가지다. 잘 팔리는 가게, 대다수의 사람들에게 사랑받는 가게가 되기 위해서 끊임없는 시도를 한다. 만두소에 카레도 넣어보고 짜장이나 낙지, 새우도 넣어본다. 만두피를 다르게 해보기도 하고 새로운 메뉴를 실험해보기도 한다.

많은 사람이 메뉴 개발을 어렵게 생각하지만, 결코 어렵지 않다. 책이나 인터넷, 앱에 소개된 레시피 중 원하는 메뉴를 열 번 정도만 따라해보라. 그러면 그 음식을 그럴 듯하게 만들 수 있게 된다. 거기에서 그치지 말고, 나만의 차별화 포인트를 하나만 연구해 추가하면 새로운 메뉴 완성이다.

나도 여러 차례 시도 끝에 지금의 만두소와 만둣국 국물을 완성했다. 우리 가게 만두소 재료는 평범하다. 다른 점이라면 양파를 칼로 직접 다져서 쌀알 크기로 넣고, 통깨를 그대로 넣지 않고 살짝 다져서 넣는다는 것이다. 작은 차이 같지만 만두 맛과 식감에서 큰 차이가 난다.

만둣국 국물은 처음에는 사골만 오랫동안 우려서 만들었다. 옛 방식으로 하다 보니 시간과 가스비가 많이 들고, 일부 젊은 손님들은 사골 특유의 냄새를 싫어하기도 해서 점차 사골 육수 양을 줄였다. 대신에 질 좋은 용대리 황태에 들깻가루를 넣어서 진하게 끓인 물을 섞는다. 그랬더니 시간도 절약되고, 맛도 더욱 좋아지고, 젊은 손님들도 좋아해서 일석삼조의 효과를 보았다.

이처럼 잘 만들어진 레시피를 열심히 따라 하되, 자기만의 노하우를 개발해 계속 업그레이드해야 한다. 습관처럼 새로운 요리법을 배우고 메뉴에 적용해보자. 그렇게 하다 보면, 오랫동안 많은 손님들에게 사랑받는 음식점을 만들 수 있을 것이다.

이 글을 쓰다 보니, 우리가 개발한 김치수제비 레시피가 떠오른다. 칼국수와 수제비를 섞은 칼제비 메뉴를 연구하다가 우연히 김치수제비를 맛있게 만들게 되었는데, 현재 우리 가게에서 판매하지는 않는다.

만드는 방법은 이렇다. 밀가루로 수제비 반죽을 하되, 식용유 한 숟가락을 넣어 반죽을 더 부드럽게 한다. 반죽에 잘 익은 김치 국물과 신김치를 다져서 넣어도 좋다. 반죽이 끝나면 비닐을 덮어 숙성한다. 어느 정도 시간이 지나면 꺼내서 치대고 다시 숙성하기를 다섯 번 정도 한다. 숙성된 반죽을 끓는 멸치 육수에 조금씩 떼어 넣고, 갖은 채소와 함께 끓이면 맛있는 김치 수제비가 완성된다. 크게 어렵지 않은 레시피이니, 한번 집에서 꼭 따라서 만들어 먹어보길 권한다.

날마다 노력하고
기다려라

오래된 가게의 특권

음식 장사를 하면 온종일 손님을 기다리는 것이 일상이 된다. 아침에 문을 열고 밤에 닫기까지 항상 손님을 기다리며 준비한다. 한꺼번에 너무 많은 손님이 몰려와도 곤란하고, 너무 적은 손님이 와도 힘들다.

몇 년째 매출이 제자리에 머물러 있다면, 그것 또한 큰 고민이 된다. 그런 상태로 몇 년이 지나면, 개업 초기에 지녔던 열정은 사라지고 매너리즘에 빠져 모든 일을 건성으로 하게 된다. 아무리 열심히 해도 큰 변화는 없을 거라는 체념에 빠지게 되고, 곧 폐업하게 된다.

이런 식으로 가게 문을 닫는 경우를 그동안 숱하게 보아왔다.

열심히 일군 터전을 버리고 떠나는 모습을 보면 항상 안타깝고 아쉽다는 생각이 든다. 왜 우리나라에는 오래된 가게가 드물까? 다른 나라에는 100년 이상 된 오래된 가게가 많은데, 왜 우리나라에는 대를 이어서 운영하는 노포가 많이 없을까?

비싼 가게 임대료가 주요한 이유겠지만, 내 생각에는 오래된 가게의 가치를 그다지 알아주지 않는 사회의 분위기가 큰 영향을 미치는 것 같다. 하지만 다행히 요즘에는 오래된 가게에 대한 인식이 달라지고 있다. 30년 이상 명맥을 유지하면서 사람들로부터 꾸준한 사랑을 받아온 가게들 가운데 몇몇은 중소벤처기업부로부터 '백년가게'로 지정돼 지원을 받게 되기도 했다. 긴 세월 한곳에서 장사를 계속해온 것의 가치를 사람들이 알아주기 시작한 것이다.

나도 20년간 한자리에서 만두를 빚어서 팔았더니, 이제 조금씩 가치를 알아주는 사람들이 생겼다. 2020년 코로나19 때문에 가게 형편이 몹시 어려웠을 때 손님들은 '이럴 때일수록 팔아줘야 한다'며 식사 후에 음식을 꼭 포장해갔다. 중국산 김치 파동이 일어났을 때에는, 단골들이 '여기 겉절이 김치는 매일 직접 담그는 거'라면서 만둣국과 김치를 따로 사 가서 매출에 큰 도움이 되었다.

이처럼 성실하게 자리를 지키며 최선을 다하면, 그 가치를 손님들이 알아주는 때가 반드시 온다. 그러니 힘들고 지치더라도,

마음을 새롭게 하고 인정받을 그날을 기다리며 인내하기를 권한다.

높이 자라려면 깊이 뿌리를 내려야 한다

중국 극동 지방에서 자라는 '모소대나무'에 대한 이야기를 들려주고자 한다. 이 대나무는 씨를 뿌린 뒤 4년 동안은 겨우 3센티미터만 자란다. 그러다가 5년째부터는 날마다 30센티미터씩 자라고 6주째가 되면 놀랍게도 15미터가 넘는 거대한 나무로 자라, 마침내 울창한 숲을 이룬다.

어떻게 이런 일이 일어나는 걸까? 대나무가 거의 자라지 않는 것처럼 보이는 4년은 사실 더욱 높이 성장하기 위해 깊이 뿌리를 내리는 시간이었다. 그 기다림의 시간을 잘 인내하고 버텨야, 거대한 나무로 성장할 수 있다. 나는 이 모소대나무의 이야기를 보면서 자영업자들을 떠올렸다. 우리도 처음에는 부푼 기대를 안고 창업을 한다. 하지만 성장은 멀게만 느껴진다. 아무런 변화 없이 제자리걸음만 하고 있는 것처럼 느껴지는 하루하루를 견디다, 끝내 좌절해 그만두기도 한다.

모소대나무처럼 4년을 견딜 수 있는 자영업자들이 몇이나 될까? 아마 별로 없을 것이다. 꿈을 이루기 위해 묵묵히 자기 자리를 지키며 최선을 다한 소수만이 성장의 기쁨을 누린다.

우리 가게의 성장 과정도 모소대나무와 같았다. 처음 문을 열었을 때는 손님이 별로 없었다. 그럼에도 불구하고 날마다 새벽에 일어나서 만두를 빚고 육수를 끓였다. 한꺼번에 많이 만들어두면, 버리게 되기에 조금씩 만들어놓았다.

매일매일 아내와 성실하게 최선을 다해 만두를 만들고 손님들을 맞이했더니, 조금씩 단골이 생겼다. 몇 안 되는 단골들이 입소문을 내줬고, 덕분에 우리 가게를 찾아오는 손님들이 늘어나기 시작했다. 그리고 마침내 코로나19 속에서도 끄떡없는 가게로 성장할 수 있었다. 혹시 장사가 잘 안 돼 힘든 시기를 보내고 있는가? 아무리 열심히 발버둥쳐도 나아질 기미가 보이지 않는가? 그럴수록 견뎌야 한다. 지금 당장은 눈에 보이는 변화가 없더라도, 꿈을 향해 날마다 한 걸음씩 내딛다 보면 그 꿈에 이를 날이 반드시 온다.

울창한 대나무 숲을 이룰 때까지

에드먼드 힐러리(Edmund Hillary)는 뉴질랜드의 등산가이자 탐험가로 1953년 5월 29일 세계 최고봉인 에베레스트산을 최초로 오른 인물이다. 최초 등반자가 영국인이길 바라던 어느 기자가 아쉬워하면서 성공 비결을 묻자, 그는 이렇게 답했다.

"한 발 한 발 걸어서 올라갔지요. 진정으로 바라는 사람은 이룰 때까지 합니다. 안 된다고 좌절하지 않습니다. 안 되면 방법을 달리 합니다. 방법을 달리 해도 안 될 때에는 그 원인을 분석합니다. 분석해도 안 될 때는 연구합니다. 이쯤 되면 운명이 손을 들어주기 시작합니다."

힐러리의 말을 책에서 읽으면서 내가 가졌던 것과 비슷한 절박함이 느껴져 울컥했다. 힐러리가 한 발 한 발 걸어서 에베레스트산에 올랐듯이, 나 또한 만두 하나하나를 빚어 이곳에 이르렀다. 힘들다고 쉬지 않고, 힘들면 아내와 서로 격려해가면서, 밥도 못 먹고 늦게까지 장사를 했다. 장사가 안 되면 포장도 하고 배달도 하면서, 절박하게 나아갔더니 많은 손님이 그 정성을 알아주기 시작했다.

지금 답답하고 힘들수록 몸으로 뛰자. 온종일 손님이 없다고 풀 죽어 있지 말고 출입문이라도 닦자. 그러면 신기하게도 손님이 그 문으로 들어선다. 가게가 잘 알려져 있지 않다면, 점심 장사 후 쉬는 시간에 사람 많은 길목에 서서 옛날 방식이지만 전단지라도 돌리자. 열심히 뛰어다니며 일하고 가게를 홍보하자. 그렇게 하루하루 노력하다 보면, 어느 날 울창한 대나무 숲처럼 크게 성장해 있을 것이다.

좋은 추억을 선사해라

Routine

오래된 가게는 추억을 판다

한곳에서 오랫동안 장사를 하다 보니, 초창기에 단골이었다가 이사 등의 이유로 한동안 못 왔던 손님들이 오랜만에 혹시나 하고 찾아오는 일이 종종 벌어진다. 그런 손님들은 지금까지 장사를 하는 우리 부부를 보고 몹시 반가워한다. 음식을 맛있게 먹고 나서 이런 얘기를 건네는 손님도 있었다.

"그때 사장님과 아내분이 젊고 서툴러 보여서, 어느 정도 하다가 그만두실 줄 알았어요. 이렇게 오랫동안 장사해주셔서 감사합니다."

손님의 진심 어린 인사에 뿌듯함을 느꼈다. 새삼 개업 초기에 허둥지둥 실수 연발이었던 우리 모습이 머릿속에 그려졌다. 그

때는 나도 이렇게 오랫동안 장사할 줄은 몰랐다. 옛 추억에 빠져 있다가 문득 한 가지 물음이 떠올랐다.

'손님은 왜 감사하다고 했을까? 내 장사를 내가 오래 하고 있을 뿐인데.'

물음에 대한 답을 생각하다가, 이런 결론에 이르렀다. 그 손님은 아마도 오랜만에 찾아온 우리 가게에서 단순한 음식이 아닌 옛 추억 한 그릇을 먹고 간 거라고, 소중한 추억을 떠올릴 수 있게 해줬기에 고맙다는 인사를 한 거라고 말이다.

그렇다. 오래된 가게는 단지 음식이나 물건뿐 아니라 추억을 판다. 우리는 옛 노래를 들으며 추억을 회상하듯, 예전에 즐겨 찾던 가게에서 음식을 먹고 물건을 고르며 소중한 기억을 다시 떠올린다. 그런 추억은 아무리 큰돈이 있어도 살 수 없다. 그렇기에 수많은 사람의 귀중한 추억이 서려 있는 오래된 가게의 가치는 돈으로 환산할 수 없는 것이다.

혹시 오늘 몇 명의 손님을 맞이했는가? 당신의 가게가 손님들에게 좋은 추억으로 남기를 바란다면, 그래서 꼭 다시 찾아오고 싶은 장소가 되길 바란다면, 손님들이 가게에서 하는 경험 하나하나가 즐겁고 뜻깊게 되도록 노력해야 한다. 손님들의 마음속에 가게에 대한 좋은 기억이 많이 쌓일수록, 그 가게가 오래도록 남아서 사랑받을 가능성도 커진다.

계속 남아 있어 다행인 가게

8년 전까지만 해도 우리 가게에서는 손님이 만둣국을 주문하면 뽕잎밥을 작은 공기에 담아서 줬다. 웰빙 열풍이 불던 때에 시작한 서비스였는데, 차차 그 열풍이 시들해져서 이제는 뽕잎밥 대신에 흰쌀밥을 준다.

그런데 이 사실을 모르고 오랜만에 방문한 연세 지긋한 여자 손님이 있었다. 손님은 같이 온 친구들에게 '이 식당에서는 만둣국과 함께 뽕잎밥을 꼭 먹어야 한다'며 자랑하듯 얘기했다. 그 얘기를 듣고 난감했다. 벌써 8년 전에 방침이 바뀌었다고 하면 손님이 좀 난처하실까 우려되어, 조심스레 다가가서 지난달부터 뽕잎밥 대신에 쌀밥으로 제공한다고 양해를 부탁한다고 말했다. 손님은 굉장히 아쉬워했지만, 그래도 만둣국을 친구들과 맛있게 먹고 갔다. 원하던 뽕잎밥은 주지 못했지만, 흡족한 추억을 선사한 것 같아 기뻤다.

이처럼 우리 가게를 기억하고 찾아오는 손님들이 꽤 많다. 개업 초기, 엄마랑 자주 오던 중학생 손님은 훌쩍 자라서 딸 둘을 키우는 부모가 되었다. 이 손님은 만두를 워낙 좋아해서 군복무 중 휴가를 나왔을 때에도 가게에 왔고, 전역 후 여자친구와 데이트할 때에도 왔고, 지금은 결혼해 아이들과 함께 온다. 손님의 예쁜 딸아이들이 식사하고 나가면서 우리에게 "잘 먹었습니다" 하고 꼭 배꼽 인사를 하는데, 어찌나 귀여운지 나도 모르게 할아버지 미소를 짓게 된다.

오래된 단골이나 오랜만에 오는 손님이 흡족한 식사를 하고 가면 우리 마음도 뿌듯해진다. 나중에 다시 찾아오고 싶은 가게, 계속 남아 있어줘서 다행인 가게로 만들어가기 위해 우리는 오늘도 최선을 다한다.

소통과 공감의 힘을 기억하라

앞서 얘기했듯이 음식점은 음식만 판매하는 곳이 아니다. 손님들이 와서 시간을 보내며 자기들만의 추억을 쌓는 곳이다. 그러니 음식점 사장이라면 이제는 맛있는 음식뿐 아니라 좋은 추억을 선사할 수 있도록 노력해야 한다.

우리 가게는 손님들과 활발하게 소통하고 공감하는 걸 중요하게 생각한다. 그래서 손님 한 명 한 명을 세심하게 기억하고, 손님의 눈높이에서 소통하려고 노력한다. 그 덕분에 손님들은 우리를 친근하게 여기고 잘 기억한다. 우리 가게에 대한 추억이 있는 손님들과 이야기를 나눌 때면 참 즐겁다. 유치원생일 때 엄마 손 잡고 처음 가게에 와서 배꼽 인사하던 어린아이 손님이 어느덧 20대 성인이 되어, 그 옛날 자기와 똑같이 배꼽 인사를 하던 아내를 기억한다. 과음해서 찾아왔던 손님은 자신에게 몸 상한다며 핀잔을 하면서도 국물을 더 챙겨주던 나를 기억하고, 우리 부모님 또래인 어르신 손님들은 치아가 약한 것을 배려해 겉절이 김치를 가위로 잘게 잘라주던 친절한 아내를 기억한다.

이처럼 좋은 일이 있으면 함께 기뻐하고, 힘든 점이 있을 때에는 도와주었더니 서로에게 정이 쌓이고 사이가 돈독해졌다. 그래서 이제는 단골들이 알아서 우리 가게를 홍보해준다. 주위 사람들에게 숨은 맛집이라고 활발히 소개해주는 충성 단골들 덕분에 요즘처럼 힘든 시기에도 굳건히 장사를 계속 해올 수 있었다.

오랫동안 사랑받는 가게, 손님들의 추억이 담긴 가게를 만들고 싶은가? 그렇다면 마음을 열고 손님들의 눈높이에서 공감하며 필요한 것을 채워줘야 한다. 제대로 존중받고 잘 대접받았다는 기분이 들 때 손님은 또다시 찾아와 좋은 추억을 만들고 갈 것이다.

5장

오래 장사하고
싶다면 이것부터

Routine

...

매일 만두 2,000알
매일 2번 새로 담근 겉절이
매일 고명 김 300장

...

버킷리스트가 아니라 드림리스트

꿈을 이루고 싶다면

2008년쯤에 있었던 일이다. 당시 우리 가족의 즐거움은 밤 10시에 영업을 마친 뒤 늦게까지 하는 수영장 딸린 사우나에서 물놀이를 하며 맛있는 음식과 식혜를 먹거나, 심야에도 문을 여는 대형 마트에서 쇼핑하는 것이었다.

심야 영화도 종종 보러 다녔다. 종일 장사하느라 피곤했을 법도 한데 아직 젊어서 그랬는지, 아내와 나는 미리 영화표를 예매하고 어머니에게 딸을 맡긴 뒤 극장까지 얼른 달려가서 영화를 봤다. 캄캄한 극장에서 팝콘을 먹으며 영화를 보면서 둘만의 오붓한 시간을 보내는 것이 우리에게는 소소하지만 확실한 행복이었다.

어느 날 밤에는 원래 다른 영화를 보려고 했는데 시간이 안 맞아 〈버킷리스트: 죽기 전에 꼭 하고 싶은 것들〉이란 영화를 보게 됐다. 잭 니콜슨(Jack Nicholson)과 모건 프리먼(Morgan Freeman)이 나오는 영화였다. 이 영화를 보면서 '버킷리스트'가 중세 시대 교수형을 집행할 때 사형수에게 올가미를 목에 두르고 뒤집어놓은 양동이에 올라서게 한 다음 집행자가 버킷(bucket), 즉 양동이를 걷어차서 처형하는 것에서 유래했음을 처음 알았다.

발 아래 버킷이 사라지고, 올가미에 목이 매여 죽어가면서 사형수는 지나온 삶을 빠르게 회상하며 자신이 하고 싶었지만 못했던 일을 뒤늦게 후회했을 것이다. 그래서 이처럼 후회하지 말고, 죽기 전에 하고 싶은 일들을 꼭 해보자는 의미로 사람들은 '버킷리스트'라는 것을 쓰고 실천하기 시작했다.

영화를 보고 나서 나도 버킷리스트를 적어볼까 하는 생각이 들었다. 하지만 당시 40대였던 내가 벌써 죽기 전에 해야 할 일의 목록을 쓴다는 것이 좀 이상한 기분이 들었다. 유서 쓰는 것 같기도 해서, 좀 더 희망이 담긴 이름인 '드림리스트'로 고쳐서 목록을 쓰기 시작했다.

나의 드림리스트에는 모두 열 가지 항목이 담겨 있다. 파리 에펠탑 앞에서 사진 찍기, 많은 사람 앞에서 강연하기, 방송 출연하기, 매달 후배들과 소외된 사람들을 찾아가서 만둣국 대접하기, 담배 살 돈으로 책 사서 읽기, 단양에 가서 패러글라이딩

타기, 아내에게 명품 가방 선물하기, 음식점 그만둘 때까지 건강하기, 자영업자를 위한 책 출간하기 등의 항목이었다. 그런데 목록을 쓰고 난 뒤 14년이 흐르는 동안, 이 꿈들이 내가 알게 모르게 천천히 이뤄졌고 또 지금도 이뤄지고 있음에 감사할 따름이다.

특히 파리 에펠탑 앞에서 사진을 찍기 위해 3년 동안 매일 카운터 서랍에 만 원씩 차곡차곡 모았던 기억이 난다. 그렇게 모은 돈으로 2019년 가족과 함께 유럽행 비행기에 오를 수 있었다. 12일간 가게 문을 닫고 여행을 떠난다고 했을 때 주위 사람들은 제정신이냐고 부러움과 걱정이 섞인 말들을 늘어놓았다. 지금 돌아보면 나도 어디서 그런 용기(?)가 샘솟았는지 모르겠다. 허나 그런 과감한 결정을 한 덕분에 소중한 추억과 커다란 전환점을 가질 수 있었다.

나의 드림리스트는 여전히 진행 중이다. 꿈을 하나씩 이루어 갈 생각을 하니 가슴이 두근거린다. 혹시 아무리 열심히 해도 좋은 결과가 나타나지 않아서 많이 지쳐 있는가? 어디로 가야 할지 몰라서 막막한 기분이 드는가? 그렇다면 내가 했던 것처럼 드림리스트를 적어보길 권한다. 당장에 할 수 있는 것부터 실행하다 보면, 언젠가는 바라던 꿈들을 이룰 수 있을 것이다.

당당히 부딪치면 이룰 수 있다

가게에 불이 나고 모두 잿더미로 변했을 때, 앞서 말한 가족에게 돈을 빌려준 두 사람을 생각할 때마다 마음이 항상 무거웠다. 돈을 빌려준 두 사람도 형편이 넉넉하지 않았기 때문에 어서 돈을 갚고 싶어서 드림리스트 맨 위에 쓰고 간절히 바랐다.

소상공인 대출을 받아서 먼저 갚기로 결정하고, 무작정 소상공인지원센터에 찾아갔다. 지금은 교육을 받아야 대출 신청이 가능하지만, 당시에는 지역에서 1차로 추천서를 써주면, 그 지역과 상관없는 상위 소상공인센터에서 접수 후 실사를 나와 2차로 승인해주면 은행에서 낮은 금리로 정부 자금을 대출 받을 수 있었다.

광명시 소상공인지원센터에 가서 시설 자금 5,000만 원 대출 요청 서류를 적어냈더니, 담당자가 추천서를 써주면서 부천의 담당자들이 깐깐하지만 절대 기죽지 말라고 격려를 해주었다.

추천서를 가지고 부천시 소상공인지원센터에 갔더니 나이 지긋한 담당자가 가게 평수가 작아서 3,000만 원 이상은 대출이 어렵겠다고 이야기했다. 일주일 뒤 실사를 한 다음에 최종 결정을 내린다는 말을 듣고 아내와 풀이 죽어 돌아오면서 결심했다.

'그래. 5,000만 원이 됐든 3,000만 원이 됐든 당당히 부딪쳐보자.'

일주일이 지나고, 점심 장사를 마무리할 때쯤 접수할 때 만났던 깐깐한 담당자와 젊은 직원이 실사를 하러 왔다. 이들은 가게를 둘러보고 나서 식탁 위에 서류를 놓고 대출 금액에 대해 작은 언쟁을 벌였다. 젊은 직원이 내게 물었다.

"5,000만 원을 빌리면 1년 있다가 이자와 원금을 갚아야 하는데, 어떻게 하실 겁니까?"

그 물음에 나는 지체 없이 두 손을 보여줬다.

"선생님들, 제 두 손을 보세요. 매일 만두를 빚느라 오른손 집게손가락은 휘었고, 배추를 소금에 절이느라 소금물에 두 손이 이렇게 늘 부어 있습니다. 다른 누구에게 맡기지 않고, 내가 직접 날마다 열심히 일하기 때문에 빌린 돈은 책임지고 갚을 수 있습니다."

그 얘기를 들은 젊은 직원은 "좋은 결과가 있도록 애써보겠습니다." 하고는 내 손을 잡아주었다. 그리고 며칠 뒤, 전화로 반가운 소식을 전해줬다.

"사장님! 심사 때 평수에 비해 큰 대출이라 반대가 나왔었는데 우리가 거친 손 이야기를 했더니 반대가 철회되고 대출이 승인되었습니다."

알고 보니 두 사람은 점심시간에 미리 와서 가게 바깥에서 손님이 많은 것과 우리 부부가 열심히 일하는 모습을 지켜보았다고 한다. 그리고 결정적으로 깐깐해 보였던 계장이 내 손을 보고 확신을 갖게 되어서, 심사 때 적극적으로 설득에 나선 끝에 승인을 얻었다고 한다.

이런 전후 사정을 전해 듣고 얼마나 감사했는지 모른다. 힘든 상황에서도 열심히 노력하고 당당하게 나서면 바라는 것을 이룰 수 있다는 사실을 다시금 확인할 수 있었다.

고(故) 김수환 추기경에게 누군가가 "삶은 무엇인가요?" 하고 물었다고 한다. 그러자 김 추기경은 "삶은 계란이요" 하고 답했다. 위트 있는 대답 속에 중요한 진실이 담겨 있다.

병아리가 계란 껍질을 깨고 나오려면 어떻게 해야 할까? 여린 부리로 껍질을 두드리며 스스로 노력해야 한다. 그러면 어미 닭이 그 작은 소리를 듣고 알 깨는 일을 도와준다. 그렇게 힘을 모은 끝에 마침내 병아리는 알을 깨고 세상으로 나오게 된다.

이처럼 삶은 꿈을 이루기 위해 끊임없이 도전하고 노력하는 과정의 연속이다. 뒤로 물러서지 않고 당당하게 노력해야 힘든 세상을 이기며 나아갈 수 있고, 누군가의 도움도 받을 수 있다.

당신은 삶에서 무엇을 이루고 싶은가? 세상을 떠나기 전에 꼭 이루고 싶은 꿈 목록을 써보자. 그리고 그 꿈들을 이루기 위해 날마다 조금씩 노력하자. 꾸준히 노력하면서 다른 이들과 도움을 주고받다 보면, 어느새 자기도 모르는 사이에 많은 꿈들이 이뤄져 있을 것이다.

꿈의 무대에 서다

Routine

인생의 전환점이 된 세바시 강연

2020년 11월 23일 월요일 밤 8시 5분, 내 인생에서 평생 잊지 못할 사건이 벌어졌다. 바로 CBS TV의 '세상을 바꾸는 시간, 15분'에 강연자로 출연한 것이다. 방송이 나간 뒤로 많은 사람이 감동받았다며, 일하기도 바쁠 텐데 어떻게 강연까지 하게 되었느냐고 물어왔다. 그래서 내 인생의 전환점이 된 '세바시' 무대에 어떻게 서게 되었는지 쓰려고 한다.

2020년 1월 중순, 퇴근 후 집에서 유튜브를 보다가 유통업을 하는 40대 중반 사장님의 사연을 우연히 접하게 되었다. 그 사장님은 운전하면서 촬영 중이었는데, 한숨을 푹 내쉬면서 세무서에 폐업 신고하러 가는 길이라고 했다. 몹시 힘들고 지친 모습에 걱정이 되었다. 그 사장님은 체념 섞인 말투로 이 상황을 아내도 모른다고, 앞으로 어떻게 될지 알 수 없다고 말했다. 나도 오랫동안 사업을 하면서 힘든 고비도 많이 넘기고 극단적 생각까지 해보았기 때문에 그 심정을 충분히 이해할 수 있었다. 어쩐지 말이나 표정에서 심상치 않은 느낌이 들어서 그 영상 아래에 정성껏 댓글을 남겼다.

작은 사업을 하다 실패한 이야기, 이혼과 극단적인 생각을 떠올렸던 이야기, 화재 보험 만기 후 가게에 불난 이야기, 2호점 차렸다가 3년 만에 2억 원을 날리고 폐업한 이야기 등등 구구절절 내 이야기를 써내려갔다. 마지막에는 숱한 역경을 이겨낼 수 있었던 건 아내가 있었기 때문이라며, 부부가 함께라면 어떤 어려움도 이겨낼 수 있다고 적었다.

얼마 뒤 그 사장님이 감사하다며, 용기 내어 아내에게 사정을 털어놓겠다는 답글을 보내왔다. 그러고 나서 한동안 잊고 있다가, 어느 날 그 사장님이 새롭게 개업을 준비하는 유튜브 영상을 보게 됐다. 동네 근처 작은 가게를 얻어서 벽에 신문지를 붙이고 테이블 5개를 두고서 포차를 개업하려고 준비 중이었다. 얼굴은 잘 안 보였지만 아내와 채소를 다듬는 모습도 보였다. 부부가 다시 함께 일어서서 노력하는 모습을 보니, 왠지 내 얘기가 도움이 된 것 같아서 뿌듯했다.

그리고 한편으로 이런 생각이 들었다. 어느 분야에 1만 시간을 투자하면 전문가가 된다는데, 나는 하루 10시간씩 20년간 일했으니 무려 6만 시간 동안 가게를 운영한 셈이다. 그렇다면 나도 음식 장사에 있어서는 전문가이지 않은가?

거기까지 생각이 미치자, 앞으로는 내가 가진 노하우를 적극적으로 나누어야겠다는 결심이 섰다. 그래서 방법을 찾다가, 주로 거래하는 은행의 고객 교육관리팀에 무작정 전화를 걸었다. 담당자에게 나의 취지를 설명했더니, 우선 은행에서 하는 자영업자를 위한 8주간의 교육을 먼저 이수하기를 권했다. 그래서 수업을 들었고, 많은 것을 새롭게 깨우칠 수 있었다.

그러던 중 평소 즐겨보던 배달의민족의 장사 교육사이트인 '배민아카데미'에서 문자가 왔다. 배달의민족과 세바시가 함께하는 '사이다데이' 무대에서 코로나19 극복 노하우를 들려줄 외식업 자영업자들을 모집한다는 내용이었다. 나도 꼭 참여하고 싶다는 생각이 들었다. 그래서 그동안의 장사 이력과 앞서 얘기한 40대 유튜버의 영상에 달았던 댓글 등을 편집해 자기 소개 영상을 만들어 보냈다.

며칠 뒤, 놀랍게도 그 높은 경쟁률을 뚫고 합격했다는 연락이 왔다. 기적과도 같은 일이 벌어진 것이다. 연락을 해온 담당자는 무대에 서기 전에 PD와 작가에게 코칭을 받고 리허설 준비를 해야 한다고 했다. 그 말에 떨림보다는 설렘과 벅찬 성취감을 느꼈다.

'나'에서 '우리'로

드디어 코칭 받으러 가기로 한 날이 되어, 설레는 마음으로 배민 아카데미 사무실에 갔다. 나와 함께 강연하게 될 다른 4명의 사장님들도 만날 수 있었다. 그런데 다들 나보다 젊고 경력도 화려해서 자꾸만 주눅이 들었다.

가맹점 30개를 운영 중인 피자 프랜차이즈 기업 대표, 대기업에 사표를 내고 다섯 군데 파스타점을 운영하는 대표, 국내에서 각기 다른 10여 개의 프랜차이즈 회사를 운영하며 프랑스에 한국 식당을 연 대표, 부모님이 하시던 평범한 분식 가게를 유명인사들이 찾아오는 맛집으로 업그레이드한 대표였는데, 모두 나보다 훨씬 젊었다.

이 사람들의 성공담을 들으면서 내 머릿속에 제일 먼저 든 생각이 '20년간 만두 가게를 하면서 나는 뭐했지?'였다. 이들보다 한참 먼저 시작했고 성공도 빨랐는데 지금은 훨씬 뒤처졌다는 생각이 들자, 그동안의 자신감은 온데간데없이 사라져버렸다.

집에 돌아와서 내가 강연 무대에서 무슨 말을 해야 할지에 대해 밤을 새가며 스스로에게 묻고 또 물었다. 그래서 내린 결론은 있는 것 없는 것 다 끄집어내어 성공담을 뽐낼 것이 아니라, 오랫동안 장사하면서 겪은 창피하거나 부끄러운 얘기를 꺼내놓으며 힘든 시기를 보내는 사람들에게 공감을 이끌어내자는 것이었다.

공감에 초점을 두었더니, 이야기가 술술 풀려나가기 시작했다. 강연을 준비하면서 지난 삶을 돌아보았더니 왜 그리 속상하고 눈물이 나던지. 억울하고 속상했던 일, 힘겨웠던 순간이 생생하게 떠올라 감정이 북받쳐올랐다.

마침내 그날이 되어, 무대에 서서 사람들에게 내 이야기를 들려줬다. 내게는 큰 성공이자 인생의 전환점이었다. 불과 얼마 전까지만 해도 날마다 작은 만두 가게에서 그저 세 식구 생계를 위해 열심히 일하던 나였는데, 그 한 번의 강연으로 주위를 둘러보는 내가 되었다. 나와 내 식구 외에 다른 이들을 생각하고 그들과 공감하고 싶어하는 내가 되었다. '나'에서 '우리'로 내 삶의 방향이 바뀐 것이다.

이제는 35년간 자영업을 하면서 얻게 된 노하우를 다른 이들과 나누고 싶다. 혹시 지금 아무리 애를 써도 결실이 없고, 나만 뒤처진 것 같은 기분이 드는가? 그래도 계속 뚜벅뚜벅 걸어나가야 한다. 그렇게 한 걸음씩 내딛다 보면, 누군가는 나를 알아주고 좋은 결과도 얻을 날이 온다. 내게 일어났던 기적이 당신에게도 일어나기를 간절히 바란다.

목적을 이루는 법

건강해야 맛있는 음식을 만들 수 있다

몇 차례 방송 출연을 했더니, 방송을 보고 가게로 찾아오는 사람들이 생겼다. 그런 사람들을 만나면서 느낀 점이 있다. 한창 창업을 준비하는 사람들은 희망에 차 있고 적극적인 태도를 보이는 데 반해 현재 음식점을 하고 있는 사람들은 하나같이 지치고 위축된 모습을 하고 있다는 것이다.

가장 안타까운 사연은 부부가 함께 장사를 하다가 둘 중 하나가 아프게 된 경우다. 원래 지병이 있었는지는 모르지만, 보통은 장사가 잘 안 되어서 마음 고생을 하다가 병을 키우거나 새로운 병을 얻게 된다. 이들은 너무 아파서 식당을 접을까 하다가도, 막상 폐업하고 나면 뭘 해야 할지 몰라 막막하다고 한다.

그리고 어렵사리 이런 말을 꺼낸다.

"사장님 만두가 너무 맛있어서 그러는데, 저희에게 만두 만드는 법을 가르쳐주시면 안 될까요?"

한창 힘들어하는 사람들에게, 더욱이 권리금도 못 받고 가게를 정리할 판이라는 사람들에게 내가 해줄 수 있는 말은 이것뿐이었다.

"네. 알겠어요. 그런데 일단 몸부터 회복하고 오세요."

매일 가게에 나와서 음식을 만들고 온종일 장사하는 일은 엄청난 체력까지는 아니어도 건강한 몸이 뒷받침되지 않으면 해내기 힘들다. 그렇기에 나를 찾아온 사람들에게 건강을 회복한 뒤에 오라고 말한 것이다. 20년 동안 장사하면서 딱 한 번 내 몸 때문에 며칠간 장사를 못할 뻔한 위기를 겪었다. 40대 중반에 있었던 일인데, 동네 사람들과 축구를 하다가 그만 무리하는 바람에 종아리 인대가 파열되어 어쩔 수 없이 깁스를 하게 되었다.

그 상태로 다음 날 아침에 출근해 만두소를 만드는데, 다른 건 평소처럼 할 수 있었지만 양손에 칼을 쥐고서 도마 위에 절인 배추를 다지는 일이 무척 힘들었다. 배추를 다지는 건 팔로 하는 일이지만 다리로 받쳐주면서 함께 리듬을 타야 한다는 사실을 그때 깨달았다. 한동안 불편한 몸으로 힘들게 일하면서 건강이 얼마나 중요한지 새삼 깨달았다. 그 뒤로는 손님들에게 맛있는 음식을 제공하기 위해 몸과 마음을 건강하게 단련하는 것을 무엇보다 중요하게 여기고 노력하고 있다.

정당한 값을 치르고 열심히 배우자

우리 가게로 만두를 배우고 싶다고 찾아오는 사람들이 늘어나면서 자연스레 고민을 하게 되었다. 나도 다른 사람들이 하듯이 고액의 전수비를 받고 일대일로 창업을 도와줄까 하는 생각도 해 보았다. 하지만 형편이 어려운 사람들에게 그런 요구를 하는 건 무리라는 생각이 들었다. 고민 끝에 내린 결론은 '만두 아카데미'를 만들자는 것이다. 교육 일정에 따라서 단체로 교육을 받도록 하고, 모자라는 부분은 개인적으로 따로 배울 수 있도록 하려고 계획 중이다. 아직까지 구상 단계에 있지만, 차근차근 준비해서 교육생을 받으려고 한다.

나의 만두와 육수, 겉절이, 막국수를 만드는 방법은 지금까지 내가 현장에서 땀 흘려 습득한 지식 재산이다. 그러므로 그에 걸맞은 값어치를 받고 전수해야 한다고 생각한다. 돈이나 수고를 치르지 않고 배운 것은 금세 사라질 수도 있기에, 조금 힘들어하더라도 시간과 돈을 투자해 배우도록 이끌 예정이다.

다른 사람의 노하우를 배워서 성공하고 싶은가? 그렇다면 절실함을 가지고 적극적으로 나서야 한다. 남이 힘들게 얻은 지식 재산을 거저 가지려고 하지 말고, 응당한 대가를 치르고 성실하게 배워라. 그리고 배운 것에 자기만의 노하우를 더해, 목적을 이룰 때까지 노력해라.

'목적'을 한자로 풀면 눈 목(目), 과녁 적(的), 즉 눈이 가리키는 과녁이란 뜻이 된다. 지금 당신이 두 눈으로 절박하게 바라보는 과녁은 무엇인가? 그 과녁을 명중시키기 위해서는 어떻게 해야 할까? 과녁을 명중시키려면 계속 그쪽을 향해 활을 쏘는 수밖에 는 없다. 그러니 고민하지 말고, 일단 실행하자. 하다가 잘 안되 면 다른 이들에게서 배우기도 하고, 지치면 좀 쉬어 가도 된다. 속도가 아니라, 꿈을 포기하지 않고 이루는 것이 중요하다는 걸 꼭 기억하자.

장애물을 물리쳐라

그런데 처음에는 목적을 이루기 위해 열심히 노력하던 사람도 시간이 갈수록 기대만큼 성과가 나타나지 않으면 조금씩 지치게 된다. 실망이 쌓이면 자포자기하게 되어, 나중에는 본디 품은 목 적도 잊고 그저 하던 대로 하는 매너리즘에 빠지게 된다. 매너리 즘은 정말 무서운 것이다. 잘못된 행동을 습관처럼 되풀이하게 만든다. 매너리즘의 단면을 잘 보여주는 일화가 있어 소개하고 자 한다.

어느 젊은 새댁이 프라이팬에 음식을 할 때면 항상 재료의 끄트머리를 잘라서 버렸다. 그 모습을 보고 의아해진 남편이 "왜 프라이팬에 음식을 하면 늘 양쪽 끝을 버리는 거야?" 하고 물었다. 새댁은 자기도 왜 그러는지 이유를 몰랐다. 그저 친정엄마가 하던 대로 따라 했을 뿐이었다. 궁금증이 생긴 새댁은 엄마에게 전화를 했다.

"엄마는 왜 프라이팬에 음식을 요리할 때마다 양쪽 끝을 잘라서 버리는 거야?"

그 물음에 대한 답을 엄마도 알지 못했다.

"글쎄다. 나도 네 외할머니가 하던 걸 그대로 따라 한 거라서. 외할머니에게 한번 물어보렴."

새댁은 외할머니에게 전화해서 그 이유를 물었다. 그랬더니 외할머니는 대수롭지 않은 말투로 이렇게 대답했다.

"아, 옛날에는 프라이팬이 큰 사이즈가 없어서, 어쩔 수 없이 양쪽 끄트머리를 잘랐던 거야."

우리도 어쩌면 이 새댁과 친정엄마처럼 행동하고 있을지도 모른다. 정확한 이유도 모른 채, 그저 관성에 따라서 늘 하던 대로 비효율적으로 행동하고 있을지도 모른다. 성공하려면 지금껏 습관처럼 해온 모든 일들을 점검해보아야 한다. 그리고 목적을 이루는 데 도움이 안 되는 것들은 단호하게 물리쳐야 한다.

알래스카에 온 관광객들이 에스키모가 모는 썰매를 타기 위해 모여 있었다. 그런데 에스키모의 어린 아들이 썰매를 끄는 개

열 마리 가운데 리더 격인 개에게 장난을 쳤다. 그랬더니 그 개가 아이 손가락을 물어버렸고, 아이는 울음을 터뜨렸다. 화가 난 에스키모가 개를 채찍으로 때리자, 흥분한 개는 주인인 에스키모에게 달려들 듯 거세게 짖어댔다.

그 모습을 본 에스키모는 조금도 망설이지 않고 도끼를 가져와 개를 단번에 죽였다. 끔찍한 광경에 사람들은 죽은 개가 불쌍하다고, 어떻게 그 정도 일로 개를 잔인하게 죽일 수 있냐며 거세게 항의했다. 그러자 에스키모는 차분하게 말했다.

"저 개들이 평상시에는 온순하지만 기상 조건의 악화로 길을 잃게 되면 며칠간 헤매면서 굶주리게 됩니다. 그런 상황이 지속되면 저 개들 속에 잠재되어 있던 야생성이 나타날 수도 있습니다. 리더인 개가 지금처럼 흥분해 내게 달려들면, 다른 개들도 합세해 내가 저들의 먹잇감이 될 수도 있지요. 그렇기 때문에 애초에 그럴 가능성을 차단하는 겁니다."

자신의 목숨을 지키기 위해 잠재 위협을 단번에 없앤 에스키모처럼 우리도 우리 안에 숨어 있는 교만과 게으름, 부정적 생각, 매너리즘 같은 장애물을 없애야 한다.

장사가 잘 안 되어서 고민하는가? 하루하루 지날수록 꿈꾸던 미래와 점점 멀어져가는 것 같아 속상한가? 그럴수록 몸과 마음을 다잡고, 지금 상태를 냉철하게 진단하자. 무엇이 앞으로 나아가는 데 방해가 되는지 살펴보고, 단호하게 물리쳐야 한다. 그리고 남에게 배울 수 있는 건 적극적으로 배우면서 목적을 향해 한 발씩 내딛자. 갈 길이 멀어 보이지만, 조금씩 다가가다 보면 어느새 목적지에 이르러 있을 것이다.

아무 말도 못하고
먹은 닭갈비

Routine

웃음이 사라진 가게

어느 일요일, 아파트 현관에 둘 조화를 사려고 아내와 고속터미
널 지하상가에 갔다. 조화를 사고, 평소 옷에 관심 많은 아내가
쇼핑하는 걸 따라다니다 보니, 어느새 식사 때가 되었다.

우리는 쉬는 날이면 일부러 맛집에 찾아가서 식사를 한다. 그
러면서 음식과 가게 분위기, 서비스 등을 살피며 많은 것을 배우
고 온다. 그러다 보니 수도권에서 웬만큼 유명한 만둣집은 다 가
본 것 같다.

그날도 근처 맛집에 갈까 싶어서 검색하고 있는데, 아내가 닭
갈비를 먹고 싶다고 했다. 가끔 가던 닭갈비 식당이 있어서, 배
고픔을 참고 1시간을 이동해 식당에 도착했다. 자주 가는 단골

가게는 아니지만, 40대 남자 사장님이 직원 둘과 늘 웃으며 열심히 일하는 모습이 보기에 좋고 음식 맛도 좋아서 종종 가는 식당이었다.

그런데 도착해 문을 열고 들어서자, 전과 다른 휑한 분위기가 느껴졌다. 친절했던 사장님은 웃음기 사라진 얼굴로 혼자 주방에서 일하고 있었고, 홀에는 아기 엄마가 아기를 업은 채 서빙을 하고 있었다. 5살쯤 되어 보이는 큰아이는 엄마 스마트폰을 가지고 한쪽 구석 테이블 앞에 앉아 게임하고 있었다.

그 모습에 우리 개업 초창기 모습이 오버랩되었다. 순간, 마음이 짠해지며 코끝이 찡했다. 우리도 어린 딸을 가게 한쪽에 앉혀놓고 장사하던 시절이 있었다. 어른들이야 장사하느라 바빠서 시간이 어떻게 가는지도 모르지만, 어린아이들은 온종일 얼마나 지루할까? 매번 바뀌는 손님들의 시선은 또 얼마나 낯설까?

아내와 나는 이런저런 생각에 마음이 복잡해져, 닭갈비 2인분을 먹으면서 아무 말도 할 수 없었다. 모르는 사람이 봤다면 '저 부부 혹시 싸웠나?' 하고 오해했을 것이다. 업고 있던 아기가 칭얼대니까 아기 엄마가 손님에게 신경이 쓰이는지 얇은 천으로 아기를 덮고 서빙을 했다. 식사를 하다가 이 모습을 본 아내는 조용히 일어나 아기 엄마 뒤로 가서, 아기가 잠투정을 하는 거라고 말하며 덮었던 천을 반쯤 내려주고 아기를 토닥거리고 돌아왔다. 슬쩍 보니 아내의 눈가에 눈물이 맺혀 있었다.

코로나19 때문에 화목하고 쾌활하던 한 가정이 힘들어 지친 모습을 보니, 식사하는 내내 속상했다. 아내와 나는 집에 와서 약속이나 한 듯 둘 다 체해서 꼬박 이틀간 고생했다.

자영업자 삶은 누떼의 모습과 닮았다

닭갈비 사장님의 가족들을 보면서 많은 생각을 했다. 자영업자들의 삶이 언젠가 TV에서 본 누떼와 비슷하다는 생각이 들었다. 누는 영양(야생 염소와 산양 따위의 짐승을 이르는 말)의 한 종류로, 몸길이 2미터에 몸무게는 200킬로그램에 육박하는 거대한 초식동물이다. 몸빛은 회색이고 뿔은 희며 갈기와 검은 꼬리에 긴 솜털이 있다. 주로 아프리카에 살며, 건기에는 풀을 찾아 떼를 지어 이동한다.

수백 수천 마리의 누떼가 건기에 풀을 찾아 이동하는 모습은 얼핏 보면 장관이다. 하지만 자영업자인 내 눈에는 무척 고단해 보인다. 누떼가 가는 곳마다 사자, 표범, 하이에나, 악어 같은 무시무시한 맹수가 도사린다. 이 사나운 동물들은 어리거나 아픈 누가 이동 중에 뒤처지면 바로 쫓아와 낚아채간다. 겁에 질린 누들은 어느 한 마리가 갑자기 달리기 시작하면 덩달아 달리는데, 그러다가 절벽에서 떨어지기도 하고 강에 빠져 허우적대다 죽기도 한다.

풀이 많이 있는 건너편 땅으로 가기 위해 악어가 우글대는 강에 몸을 던지는 누떼를 보면, 높은 임대료와 인테리어 비용 등을 지불하고 치열한 경쟁에 뛰어든 자영업자들이 떠오른다. 더욱이 오늘날 사상 초유의 코로나19 상황에서 자영업자들은 방향을 잃은 누떼처럼 갈팡질팡하고 있다.

이런 어려운 시기에, 자영업자들은 어떻게 해야 할까? 나는 이럴 때일수록 시대의 흐름을 빠르게 읽고, 그에 따라서 생존 전략을 세워 실천해야 한다고 생각한다. 요즘은 모바일 시대이므로, 가게 규모가 크지 않아도 된다. 얼마든지 작지만 실속 있는 가게를 꾸릴 수 있는 방법이 있으니, 그것을 연구해 실행해야 한다.

이제는 현장 고수가 나서야 할 때

오랫동안 한곳에서 장사하면서 수많은 가게가 개업하고 폐업하는 모습을 지켜봐왔다. 전 재산에 대출금까지 몽땅 쏟아부어서 가게를 시작했다가, 결국 문 닫는 모습을 보면서 몹시 안타까웠다. 폐업 이후, 부부 사이가 안 좋아져 헤어지는 경우도 많이 보았다.

이제는 20년간 몸으로 부딪쳐서 얻은 생존 노하우를 주위 자영업자들과 함께 나누려고 한다. 비즈니스 세계는 전쟁터와도 같다. 이 살벌한 세계에서 살아남으려면, 전투 경험이 풍부한 선배에게 배워야 한다. 체계적인 교육 없이, 실전 경험 없이 그냥 나섰다가는 총알받이 신세가 될 뿐이다.

예전에 가산동 2호점 경영이 어려워, 소상공인지원센터에서 하는 무료 상담을 받은 적이 있다. 컨설팅 전문 교수가 와서 상담을 하는데, 그 교수가 내가 말할 때마다 무언가를 계속 적었다. 무얼 그렇게 적으시냐고 물었더니, 내 경험담을 적고 있다고 했다. 그래서 농담으로 '나한테 도리어 컨설팅 비용을 주셔야 하는 것 아니냐'고 말한 기억이 난다.

당시에는 농담으로 말했지만, 지금은 확신을 가지고 이야기할 수 있다. 바야흐로 실전 경험이 풍부한 고수에게 배워야 살아남을 수 있는 시대가 되었다. 그러니 장사가 안 된다고 움츠려 있지 말고, 오랫동안 장사를 해온 선배들에게 도움을 얻고, 그 이야기에 귀를 기울이자. 선배들이 전해주는 생생한 생존 노하우가 이 어려운 고비를 넘기는 데 큰 도움이 될 것이다.

멘토의
품격

대대장에게서 느낀 어른의 품격

나는 원래 젊은 친구들과 잘 어울리는 편이다. 그래서 가게에 자주 오는 젊은 단골들과도 한가할 때 많은 이야기를 나눈다. 주로 그들 이야기를 들어주는 편인데, 요즘 들어서 부쩍 힘들고 미래가 불안하다는 얘기를 많이 듣게 된다. 내 삶을 돌아보았을 때 20대에는 불안했고, 30대에는 바빴고, 그나마 40대에 들어서면서부터 여유가 좀 생기고 어른이 된 것 같았다고 말하면 그들은 의외라는 반응을 보인다. 20~30대 청년들에게 40대는 어른일 뿐 아니라 점점 저물어가는 때로 여겨지기에 그런 것 같다.

나도 그들 나이 때에는 방황도 많이 하고 힘들었다. 평탄치 않은 삶을 살아가며 이런저런 고난과 시련도 많이 겪었다. 그러면서 조금씩 삶의 지혜를 배울 수 있었던 것 같다.

옛 어른들이 사람마다 그릇 크기가 다르다고 했는데, 살아보니 정말 맞는 것 같다. 대기업 회장은 직원 수천수만 명을 이끌어갈 수 있는 그릇인 것이고, 나는 작은 음식점을 운영할 만큼의 그릇인 것이다. 돌아보면 내가 인생에서 가장 큰 그릇이었던 때는 군 시절 하사 교육을 받고 포반장이 되어 부하 10명을 거느렸던 시절인 듯하다. 20대 초반, 방황하던 나는 도망치듯 군에 입대했다. 강원도 철원에 배치되어 군 생활을 시작했으나, 적응을 잘 못했다. 그러다가 하사 교육에 지원했고, 초급 지휘자인 보병에서 분대장 격인 포반장이 되었다.

직책이 사람을 만든다고, 포반장이 된 뒤로 생각과 행동이 크게 바뀌었다. 내가 이끄는 포반원 10명이 훈련 중에 지치지 않도록, 분대 간 구보 중에도 군가 대신에 먹고 싶은 술 이름을 구호처럼 부르게 하는 등 다양한 방법을 생각해 실행했다. 또한 훈련이 끝나고 취침 전 텐트 앞에서 다른 포반은 앞을 향해 3분간 함성을 지를 때, 나는 나를 포함해 욕하고 싶은 사람 모두에게 참았던 욕을 크게 내지르라고 했다. 부하들은 걸쭉한 욕을 큰소리로 외치며 스트레스를 풀었고, 나중에는 그 시간만 기다리기도 했다.

그러던 어느 날, 그날도 마음껏 욕을 마음껏 내지르는데 군대 상사가 찾아왔다. 그는 함성을 멈추게 하고는 험악한 표정으로 내게 말했다.

"너 미쳤냐? 욕을 어디에다 하는 거야? 임마, 영창 가고 싶어?"

우리가 욕을 하던 방향에 대대장의 텐트가 있었는데, 한참 멀리에 있어서 신경을 안 썼다. 하지만 누군가에게는 우리 행동이 거슬렸던 것이다.

상사가 주의를 주고 간 뒤 나는 고민에 빠졌다. 부하들 앞에서 꾸지람 들은 것이 창피하기도 했지만, 당장 다음날부터 늘 하던 욕을 못하게 하면 부하들 사기가 떨어질 것 같아 걱정이 되었다. 그래서 이튿날 아침 식사 후에 무작정 대대장 텐트로 찾아가 면담을 요청했다. 군대에 가본 사람들은 알겠지만, 일개 하사가 하늘 같은 대대장을 찾아하는 건 무척 이례적인 일이다. 잘못하면 군기 교육대에도 갈 수 있는 위험한 일이다.

대대장은 육군 중위인 부관에게 '이건 지휘관과 지휘자의 일대일 만남이니 회의실로 안내하라'고 말했다. 회의실에서 대대장은 긴장하는 나에게 손수 끓인 차를 한 잔 따라 주면서 "남자에게 좋은 거야" 하고 말했다. 나중에 알고 보니 그건 강원도 깊은 계곡에서만 채취할 수 있는 삼지구엽초를 끓인 차였다.

이윽고 용건을 물어보는 대대장에게 나는 주저 없이, 우리 포반원들이 사기가 좋고 단합도 잘되는데, 늘 하던 걸 못하게 하면 분위기도 나빠지고 내 말도 전처럼 잘 듣지는 않을 것 같다고 털어놓았다. 대대장은 '요 놈 봐라' 하는 표정을 지으면서도, 진지하게 물었다.

"내가 한 번 양보하면 이 하사는 무엇을 할 건가?"

나는 무슨 용기가 샘솟았는지 이런 대답을 내놓았다.

"한 달 후에 열리는 여단포 경연대회에서 등수 안에 꼭 들겠습니다!"

그러자 대대장은 흡족한 표정으로 말했다.

"좋아. 하지만 나도 내 부하 앞에서 체면이 있으니, 앞으로는 10도만 비켜서 하게."

그 말이 처음에는 무슨 뜻인지 모르다가, 욕하는 방향을 10도만 비켜서 하라는 뜻이란 걸 나중에야 깨달았다. 대대장다운 명쾌한 답이었다. 그 후, 사기가 더욱 치솟은 우리 포반은 야간에도 남아서 연습했다. 그리고 약속대로 포 경연대회에서 3등을 해, 전원이 포상 휴가를 받았다. 몹시 기뻐하며 우리에게 금일봉을 주던 대대장의 얼굴이 지금도 생생하게 기억난다. 그때 어른의 품격이 어떤 건지 조금 알게 된 것 같다.

힘들 때는 살짝 비켜서자

대대장이 내게 보여줬던 어른의 품격과 삶의 지혜를 이제는 나도 청년들과 나누고자 한다. 혼자서 창업을 준비하려면 모든 것이 어렵고 막막하게 느껴질 것이다. 이때 경험 많은 선배가 함께 한다면, 큰 힘이 되어줄 거라 믿는다.

창업을 한 뒤에도 선배들의 조언은 무척 유용하다. 그러니 혼자서 부딪쳐 해결할 생각만 하지 말고 주위에서 도움을 받을 만한 멘토를 적극적으로 찾아서 만나보길 권한다.

장사하다 보면 수시로 어려운 상황이 생긴다. 말 많은 손님이 무례하게 음식 맛을 평가하면서 가르치려 드는 경우도 있고, 매출이 계속 제자리걸음이지만 무엇이 문제인지 도무지 알 수 없는 경우도 있다. 그럴 때는 그 상황에서 한 발짝 물러서는 여유가 필요하다. 정기 휴일을 정해놓고 하루 쉬면서 몸과 마음을 회복하는 것도 아주 중요하다. 휴식을 취하고 가게에 돌아왔을 때 전에는 못 발견한 잘못된 부분이 보이기도 한다.

매출이 부진하다면 가게 입구에다 "며칠 음식 연구하러 떠납니다" 하고 써 붙이고 잘하는 음식점을 딱 세 군데만 다녀보자. 그리고 그중 한곳의 음식을 포장해 와서, 재료 분석하고 며칠간 연습해 똑같이 만들어보는 거다. 이런 식으로 연습을 거듭해 새로 개업하는 기분으로 가게 문을 열면, 마음가짐이 달라지고 손님들 또한 변화를 느낄 것이다.

진정으로 성장하길 바란다면, 지금이 제일 낫다는 생각을 버리자. 살짝 비켜서서 조금씩 바꿔보면서 더 나은 음식을 만들기 위해 노력한다면 언젠가는 내실 있는 가게로 성장할 수 있을 것이다.

미래에
투자하라

Routine

장사로만 큰돈을 벌기는 힘들다

한곳에서 오랫동안 장사를 해온 우리에게 단골들은 종종 농담 반 진담 반 이런 질문을 던진다.

"돈 많이 벌어서 건물은 사셨어요?"

우리의 대답은 "아니요"다. 주위에 다른 자영업자들을 살펴봐도, 오로지 장사만으로 크게 돈 번 사람은 많지 않다. 대를 이어서 운영하는 오래된 맛집 사장님들도 그런 질문을 받으면 "무슨 돈을 많이 벌었겠어. 그저 자식들 대학까지 보내고 결혼시켰으니까 그걸로 된 거지." 하고 답한다. 힘들게 장사해 자식들 잘 키운 것으로 위안을 삼는 것이다.

그런데 왜 장사해서는 큰돈을 벌기 힘들까? 시대가 바뀌었기 때문일 것이다. 요즘은 노동보다는 투자로 돈을 버는 시대다. 투자를 현명하게 해서 돈을 벌려면 무엇보다 정보가 필요하다. 하지만 온종일 가게에서 일만 하는 자영업자들은 정보를 습득할 시간이 절대적으로 부족하다. 요새는 모바일 시대가 되어 형편이 그나마 나아졌지만, 예전에는 모든 것을 일일이 방문해서 처리해야 했기에 정보를 알아도 포기할 수밖에 없었다.

나 또한 비슷했다. 하루 종일 가게에서 일만 하느라, 투자 기회를 놓쳐서 큰돈은 벌지 못했다. 하지만 다행히 처가가 있는 원주기업도시의 상업지역에 한적한 땅을 사놓았는데, 그 땅 가격이 많이 올라서 노후 걱정은 없어졌다. 내가 땅을 산 것은 은퇴 후 만두 아카데미를 열기 위해서였다. 천안에 호두 과자가 있고 횡성에 안흥 찐빵이 있듯이, 만두로 지역 명물 브랜드를 만들고 싶다는 생각이 들었다. 그래서 땅을 구입했고, 언젠가는 그곳에 건물을 짓고 아카데미를 열어, 원하는 사람들에게 만두 만드는 법도 알려주고, 만두 개발도 열심히 해볼 작정이다.

장사로 큰돈을 벌지 못한다는 사실을 확실히 깨달은 건 2015년 2억 원 손실을 보고 가산동 2호점을 폐업했을 때였다. 눈물을 쏟으면서 가게를 정리하며 '앞으로는 장사만으로 돈 버는 것이 엄청 힘들겠구나' 하는 생각을 했다. 그리고 주위를 둘러보니, 부자들이 돈 버는 방식은 보통 사람들과 좀 다르다는 걸 깨달았다. 부자들은 목표를 정해두고 꾸준히 투자를 하면서 노하우를 습득

해갔다. 눈사람 만들기에 비유하자면, 열심히 일하고 장사해서 돈을 버는 사람들은 눈을 일일이 모아서 둥글게 뭉치고 있다면, 부자들은 언덕 위에서 작은 눈덩이를 굴려 쉽고 빠르게 커다란 눈덩이를 만든달까? 그렇다면 21세기에 우리 자영업자들은 앞으로 어떻게 돈을 벌어야 하는 걸까?

꿈을 위해 어떤 투자를 할 것인가

나는 버스 회사의 예를 보면서 자산 증식의 힌트를 얻었다. 예전에 버스 회사들은 시대 변두리에 넓은 땅을 구입해 차고지로 삼아 버스를 운행했다. 큰돈이 있어서 차고지 땅과 버스를 구입한 것이 아니라, 대개 은행에서 빌린 돈으로 샀다. 그리고 버스를 운행해서 번 돈으로 매달 이자를 내고 인건비를 비롯한 운영비를 충당했다.

버스 회사는 사업으로 큰 수익을 얻지 못해도 괜찮다. 왜냐하면 버스가 다니면서, 자연스레 버스 회사가 위치한 지역의 인구가 늘어나고 땅 값도 엄청나게 오르기 때문이다. 큰 시세 차익을 얻고 차고지를 판 뒤에, 거기서 몇 킬로미터 더 떨어진 땅을 구입해 다시 차고지를 만들면 얼마 뒤 똑같은 방법으로 또다시 수익을 얻을 수 있다.

우리도 버스 회사처럼 수익을 얻을 수는 없을까? 아직 재테크에 대해 많은 지식을 가지고 있지는 않지만, 매달 버는 돈 가운데 조금씩이라도 떼어서 미래를 위해 투자하라고 권하고 싶다. 홀에서 버는 돈으로 가게를 운영하고, 배달로 버는 돈은 따로 통장에 모아뒀다가 투자에 사용하는 식으로 해도 괜찮을 것 같다.

젊은 사장들에게 만약 투자금이 모이면 무엇을 할 거냐고 물어보면, 대다수는 주식에 투자하거나 입지 조건이 더 좋은 곳으로 가게를 옮기거나 인테리어를 개선하겠다고 대답한다. 다 좋은 생각이지만, 만약 내가 좀 더 젊었다면 10년 후를 내다보고 잘 아는 지역의 차가 다니는 도로 가까이에 있는 땅을 구입할 것이다. 그리고 은행 대출금으로 그곳에 넓은 주차장을 둔 2층 건물을 지어서, 1층은 가게로 2층은 살림집으로 사용할 것이다.

당신은 어떤 꿈을 가지고 있는가? 그 꿈을 실현하기 위해서는 어떠한 것들이 필요한가? 날마다 가게에서 열심히 일하고 수익을 내는 것도 중요하지만, 미래를 대비하고 투자하는 일도 게을리해서는 안 된다. 장사와 투자 노하우가 알고 싶은가? 코로나19 이후를 대비하고 싶은가? 그렇다면 책과 인터넷 자료들을 참고해 열심히 공부하고, 도움을 줄 만한 좋은 멘토를 찾아가라. 만약 내 도움이 필요하다면 언제든 가게로 찾아와도 좋다.

내가 어마어마한 성공을 거둔 것은 아니지만 당신의 고민을 들어주고 공감해주고 함께 해결책을 찾을 수는 있다. 힘을 모으면 아무리 어려운 고비라도 넘길 수 있다. 사장들이여, 힘을 내라!

나는 1962년 3월에 서울특별시 성북구 길음동에서 금세공 공장을 하시던 친할아버지와 연탄공장을 하시던 외할아버지 덕분에 어릴 적 누구보다 유복하게 자랐다. 그 당시 20대 초반에 결혼하신 부모님은 우리들 앞에서도 입맞춤을 하실 정도로 애정 표현도 잘하시는 분들로 기억에 남아있다.

중학생 시절, 사업을 하시던 아버지의 기복이 심해서서 잘 나가실 때는 피아트 자동차에 운전기사까지 두셨고, 힘들 때는 남의 집 방 한 칸에 다섯 식구가 산적도 있는 너무 극과 극을 오가는 시절을 보냈다. 고3때 집안 분위기가 왠지 심각하다고 느끼던 어느날, 아버지는 며칠째 안 들어오셨고 어머니께서는 외가의, 대학생이던 형은 기숙사에 있어서 집에 아무도 없었다. 그쯤 어머니는 나에게 큰돈이었던 만원을 주면서 3일 동안 외가집에 가있을테니 동생이랑 함께 생활하라고 하셨다.

철이 없던 나는 그 다음날 하교 후, 부모님이 안 계셔서 편한 우리 집으로 친한 친구들 몇 명을 데리고 함께 가고 있었고, 집 앞에 숨어있던 흥분한 아주머니들께 붙잡혀 너네 부모님 어디 있냐는 거친 소리를 들었다. 친구들이 말려 집으로 들어 왔지만 빚쟁이들한테 시달린 사실보다 친구들이 보는 앞에서 이런 일이 벌어져서 부모님이 원망스러웠다. 그리고 마음의 문도 스스로 닫아버렸다. 나중에 안 사실이지만 사람을 잘 믿는 아버지는 친한 친구분에게 보증을 잘못해서 집 한 채를 날리게 돼 도망친 친구를 찾으러 다니셨고 어머니는 잘 사셨던 외가 친척분들께 돈을 빌리러 다니셨다고 한다.

나는 그렇게 그 큰집에서 홀로 중학생이던 여동생과 지내야 했고, 시도없이 찾아오고 전화하는 빚쟁이 분들을 상대했어야 했다. 자랑스럽게만 생각했던 부모님을 향한 감정이 분노와 배신감으로 바뀌었다. 결국엔 집에 차압딱지가 붙었고 누구보다 사랑한다고 믿었던 두 분은 이혼을 하셨고, 제일 소중한 시절이었던 나는 대학도 못가고 도피하듯이 군대에 갔다.

훈련병 시절에 유격훈련이 끝나고 나면 산 정상에서 〈어머니 마음〉이라는 노래를 불렀는데, 다들 눈물, 콧물 범벅이 되어서 울었지만 울고 있지 않는 나를 발견할 수 있었다. 조교로부터 반항하냐고 맞고 나서야 너무 아파서 눈물이 나왔다. 그렇게 강원도 철원 포병에 자대를 배치 받던 나는 일반 하사에 지원해 포반장이 됐고 여단 포병대회에서 우승을 하고서야 리더로서 자질이 있고 공감을 잘하는 나를 발견할 수 있었다.

제대 말년쯤에는 한미 팀스프리트 훈련에 차출되었고 여단 장님께 눈에 띄어 제대 후 친구분이 운영하는 회사에 추천을 받아 입사할 수 있었다. 그 당시는 86아시안 게임을 군관민이 준비하던 시기라 모든 브리핑을 상황판으로 했고, 나름 능력을 인정받아 대우도 괜찮았으나 앞서 언급했듯이 아버지의 간암과 친구 경호의 백혈병으로 돈을 벌어야겠다는 생각과 86아시안게임 기점으로 컴퓨터가 보급되고 거리가 네온사인으로 바뀐다는 정보를 듣고 사업을 하기로 결심했다.

그렇게 사업과 외식업을 35년 동안 하면서 큰돈도 못 벌었고, 성공도 못했지만 부도, 화재 등 여러 고난을 지나 한걸음 한걸음 여기까지 걸어 왔다. 지금은 자영업자 한 사람으로서 미미하나 나와 똑같은 어려움을 겪고 있는 자영업자분들과 내 힘으로 도와줄 수 있는 사람들을 위해 많은 시간을 보내고자 한다. 앞으로 나는 그 누구보다 나의 동료이자 같은 삶의 무게를 짊어지고 살아가는 자영업자들과 함께 뛰고 싶고, 그들이 좀 더 잘 뛸 수 있도록 페이스메이커 역할을 하고 싶다. 함께 고난을 극복해나가고 싶다. 끝으로 나의 아내와 딸 그리고 언제나 따뜻한 마음으로 함께 해주는 모두에게 감사의 인사를 전하고 싶다.

20평 매장에서
월 1억 원
매출 올리기

장사의 혼(魂)

마숙희 지음 | 16,000원

"속지 마라, 장사는 혼(魂)을 파는 것이다!"
영혼을 담는 것이 장사의 기본

이태원 상권에서 10년 동안 계속해서 사랑받는 매장이 있다. 바로 '야키토리
고우'다. 월 1억 원의 매출을 내며 한 번도 안 와본 사람은 있어도 한 번만 온
사람은 없다는 야키토리 고우. 다양한 예능 프로그램에도 맛집으로 소문이
났다. 이 책은 '야키토리 고우'가 손님들에게 사랑받는 비결과 운영 노하우를
담았다. 어떤 위기가 닥쳐도 흔들리지 않으려면 기본이 단단해야 함을 계속
해서 강조한다. 그래서 그 기본을 중심으로 맛을 지키고, 생동감을 팔며, 무엇
보다 고객에게 가장 최상의 것을 전하고자 한다.

행동력 하나로
성공하는 방법

운명을 바꾸는 행동의 힘

유선국 지음 | 14,000원

여전히 생각 속에서만 살고 있으신가요?
지금 당신의 마음속에 잠재된 거인을 깨워드립니다!

'돈 많이 벌고 싶다', '잘살고 싶다', '즐기면서 살고 싶다', 'SNS 사진 속 사람
들처럼 여유로워지고 싶다'. 일상을 살아가면서 한 번쯤 해봤을 생각들이다.
하지만 이런 생각이 들 때면 뭔가 설렘보다는 두려움이 먼저 앞선다. 왜일
까? 요즘처럼 살아남기 힘든 세상이 없다고 느끼는 우리에게 가장 필요한
건 이 무모해 보일지도 모를 행동의 힘이다. 나를 가장 단단하게 만들어줄 행
동의 힘. 그 힘이야말로 꿈은 물론 현실에 맞설 힘과 원하는 만큼의 돈을 가
져다줄 것이다. 지금 당장 당신의 바뀔 운명을 위해 행동하라!

힘내라 사장

정영순 지음 | 13,800원

성공한 기업의 사장이 되고 싶은가?
실패를 성장의 동력으로 삼고 성장하는 사장이 되는 방법!

이 책은 1985년 첫 사업을 시작해 온갖 고난과 어려움 속에서도 지치지 않고 다시 일어나 현재에도 자신의 사업을 경영하고 있는 저자의 이야기를 담았다. 도매시장, 중개사무소, 갈빗집 등 다양한 사장 경험을 거쳐 지금의 자리를 지켜낼 수 있었던 이유! 대한민국의 모든 사장과 사장이 되고 싶은 이들에게 꼭 필요한 사장의 자리를 지켜내기 위한 노하우와 마음가짐의 총망라! 더 오랫동안 사업을 유지하고 싶다면 이 책이 당신에게 응원과 더불어 에너지를 전달해 줄 것이다!

코로나19에도 살아남은 사장의 비밀

무패 장사

박호영 지음 | 17,000원

하루 매출 0원에서 1시간 매출 100만 원을 달성한
일류 사장의 장사 해법서

끝나지 않는 불황 속에서 오늘도 자영업자들은 눈물을 흘린다. 그러나 더 이상 상황 탓만 할 수는 없다. 계속해서 출구를 향해 몸부림쳐야 한다. 그게 가능하냐고? 여기 천안의 중식당 '천안짬뽕작전'은 이 불가능해 보이는 출구를 찾아냈다. 하루 매출 0원까지도 찍는, 손님들이 오지 않던 식당이었는데, 지금은 하루 점심 장사 3시간만으로도 기백만 원을 벌어들인다! 식당은 손해를 보지 않고도 손님에게 '만족'이라는 가치를 제공할 수 있는 '가치비'라는 새로운 개념을 만들어, 손님들이 계속해서 찾아오게 만드는 식당을 이뤄냈다. 《무패 장사》는 출구를 찾기 위해 치열하게 식당 경영을 공부한 저자의 노하우를 아낌없이 담았다.

KBS와 SBS에서 인정한 화제의 맛집